Barbara G. Walker

AMAZONE

Roman

SPHINX

Aus dem Amerikanischen von Pociao

Die Deutsche Bibliothek – CIP-Einheitsaufnahme
Walker, Barbara G.:
Amazone / Barbara G. Walker. [Aus dem Amerikanischen
von Pociao]. - Basel : Sphinx, 1993
ISBN 3-85914-428-6

© 1993 Sphinx Verlag, Basel
Das Werk einschließlich aller seiner Teile ist urheberrechtlich geschützt.
Jede Verwertung ist ohne Zustimmung des Verlags unzulässig. Dies gilt
insbesondere für Vervielfältigungen, Übersetzungen, Mikroverfilmungen
und die Einspeicherung und Verarbeitung in elektronischen Systemen.
Originaltitel: Amazon
Erschienen bei HarperSanFrancisco, USA
© 1992 Barbara G. Walker
Umschlagbild: Greg Spalenka
Satz: Sphinx, Basel
Herstellung: Clausen & Bosse, Leck
Printed in Germany
ISBN 3-85914-428-6

KAPITEL 1

Die von der Göttin meines Mutterclans erlassenen Gesetze verboten einer Kriegerin, sich einen Mann zu suchen und Kinder zu gebären, bevor sie den ersten Gegner in der Schlacht getötet hatte. Die meisten unserer Frauen vollbrachten das, noch ehe sie zwanzig waren. Ich dagegen tötete meinen ersten Griechen erst mit vierundzwanzig.

Damals hatte ich bereits an vielen Schlachten teilgenommen. Ich hatte meinen Feinden Wunden beigebracht und selbst einige erhalten. Doch erst in der Schlacht des hohen Grases, im Winter meines fünfundzwanzigsten Jahres, schenkte die Göttin mir mein Opfer.

Die Griechen waren in großer Zahl über uns hergefallen, hatten zwei Grenzdörfer überrannt und die meisten Mutterclans dort niedergemetzelt. Drei Frauen war die Flucht gelungen, nachdem sie hatten mitansehen müssen, wie all ihre Kinder getötet worden waren. Sie fingen zwei Pferde ein und galoppierten die ganze Nacht, um die Kunde von dem Überfall zu verbreiten. Im Morgengrauen waren Krieger aus dem halben Land mobilisiert. Als die ersten Strahlen der Sonne durch die hoch aufragenden, dunklen Türme der Pinien fielen, hatten sich Männer und Frauen auf ihren Pferden am Südtempel versammelt, von wo sie aufbrechen wollten.

Ich ritt neben Antaeus, meinem damaligen Liebhaber. Wir lächelten uns an, als unsere Pferde in den hellen Morgendunst trabten. Ich mochte Antaeus. Er war ein standhafter und unermüdlicher Kämpfer, wie ich aus dem Training mit ihm wußte. Er war auch ein passabler Liebhaber, allerdings nicht von der Sorte, die ich mir als Vater meiner Kinder vorstellte. Wir fühlten uns wohl miteinander, als Waffenbrüder, doch ohne ineinander verliebt zu sein. Unsere Kriegerausbildung ließ uns ohnehin kaum Energie für sanftere Leidenschaften.

Die Freuden dieses Morgens waren kurz, aber intensiv: das Klirren und Knirschen der Harnische, der satte Geruch nach Leder, Pferden und taufrischer Erde; das glitzernde Licht auf den versammelten Speeren und Helmen; die unbändige Lust selbstbewußter junger Leute, die gemeinsam ausritten, um einer Herausforderung zu begegnen. Ich war tief bewegt vom Gefühl der Loyalität meinen Clanschwestern und -brüdern gegenüber: Wir waren eins in unseren Herzen, wir hätten unser Leben füreinander hingegeben. Dieses Gefühl wurde noch verstärkt von der Schönheit dieses Morgens, der frischen süßen Luft und dem beruhigenden Spiel gesunder Muskeln.

Ich beugte mich vor, um den schlanken Hals meiner geliebten schwarzen Stute Windsbraut zu tätscheln. Sie schüttelte den Kopf, schnaubte und tänzelte ein wenig, um zu zeigen, daß auch sie die Freude dieses Morgens spürte. Die Pferde waren erregt, fast so erregt wie die

Reiter. Mein Volk verstand die Gefühle der Pferde, im Gegensatz zu den Griechen. Diese wußten nicht, wie man ein Pferd aufzieht und trainiert, so daß es seinen Reiter gern und freudig trägt.

Die Griechen malten groteske Bilder, die uns ohne Beine und mit Pferdekörpern zeigten. Sie glaubten, wir besäßen einen geheimen Zauber, der uns teilweise zu Tieren machte. Es traf zu, daß wir einen Zauber besaßen, aber das war kein Geheimnis. Es war nichts anderes als der Zauber der Freundlichkeit. Die Griechen konnten das nicht verstehen, denn Freundlichkeit war bei ihnen nicht allzu verbreitet.

Diese Tatsache wurde uns auf schreckliche Weise bewußt, als wir gegen Mittag auf das erste der verwüsteten Dörfer stießen. Alle Vorräte waren zertrampelt und vernichtet worden. Die Häuser waren kleine Haufen von rauchenden Trümmern. Überall lagen Leichen. Ich sah mehrere Säuglinge und kleine Kinder, die von unten nach oben aufgeschlitzt waren – eine für die Griechen typische Greueltat. Dasselbe machten sie mit Frauen, nachdem sie sie vergewaltigt hatten.

Während wir durch die Trümmer ritten, wich unsere Hochstimmung blinder Wut. Als wir ein paar Meilen weiter das griechische Lager im hohen Gras entdeckten, stürmten wir wie Furien darauf zu.

Keiner hatte mit unserem Angriff gerechnet. In dem Glauben, unsere Krieger seien noch weit entfernt, ruhten die Griechen aus, aßen und tranken, schikanierten lustlos ihre Gefangenen oder gaben sich ihren sadistischen sexuellen Spielen hin. Sie hatten nicht einmal Wachen aufgestellt. Ihre Truppen waren den unsrigen an Zahl weit überlegen, und dies hatte sie unvorsichtig gemacht. Das Überraschungsmoment verschaffte uns einen taktischen Vorteil, der wie so häufig noch verstärkt wurde durch die Geschwindigkeit und Überlegenheit unserer Pferde.

Die Griechen wußten immer noch nicht, wie man sich zu Pferd in eine Schlacht begibt. Sie benutzten Pferde nur als Lasttiere: arme, halb verkrüppelte Kreaturen ohne einen Funken Leben, die an Ketten, Peitschen und schwere Bürden gewöhnt waren. Die Griechen behandelten ihre Pferde ebenso schlecht wie ihre Sklaven.

Nach unserer ersten Attacke war fast ein Drittel der griechischen Fußsoldaten kampfunfähig. Unsere Frauen und Männer kämpften wie die Löwen. Wir galoppierten durch das Lager und schlugen rechts und links unsere Feinde nieder. In wildem Durcheinander begannen sie nach allen Seiten zu fliehen. Einige ihrer Anführer erhoben Banner, um ihre Truppen zu sammeln. Rasch bildeten sich kleine Gruppen, die zum Widerstand entschlossen waren.

Uns war klar, daß wir diese Grüppchen zerschlagen mußten, bevor sie stärker werden konnten. Aus bitterer Erfahrung hatten wir gelernt, daß die Griechen alles andere als Feiglinge waren. Sie mochten grausam sein und hinterhältig, aber sie waren auch ausgezeichnete und erbitterte Kämpfer. Unser Land hätte schon vor Generationen von ihnen erobert werden können, hätten unsere weisen Ahninnen nicht dafür gesorgt, daß alle jungen Leute bei uns eine Kriegerausbildung erhielten.

Ich hatte mich auf eine dieser Gruppen konzentriert und war damit beschäftigt, nach beiden Seiten auszuteilen, als ich in einiger Entfernung Antaeus auf offenem Gelände am Ende der Wiese entdeckte. Er war von vier Griechen umzingelt, die sein Pferd gepackt hatten und versuchten, ihn herabzuzerren. Einer der Griechen hatte Antaeus eine tiefe Schnittwunde ins Bein versetzt. Ein anderer hatte sein Schwert in den Bauch des Pferdes gebohrt. Das arme Tier schlug vor Panik und Schmerz aus, während Antaeus darum kämpfte, die Herrschaft über das Pferd zu behalten und sich gleichzeitig gegen seine Feinde zu Wehr zu setzen.

Ich konnte ihm nicht sogleich zu Hilfe eilen. Zuerst mußte ich mit einem großen, fettbäuchigen Griechen fertigwerden, der einen schweren Hammer gegen Windsbrauts Bein schwang, offensichtlich in der Absicht, es zu verkrüppeln. Er verfehlte das Bein, und damit hatte er seine Chance verspielt. Im gleichen Moment versetzte ich ihm einen gewaltigen Hieb gegen den Kopf. Er verlor das Gleichgewicht, rutschte im tiefen Schlamm aus und stürzte zu Boden. Windsbrauts Vorderhuf brach ihm das Genick.

Später habe ich mir darüber Gedanken gemacht. Ich wußte, daß Pferde einen Menschen nicht verletzen, wenn sie es vermeiden können. Vielleicht hatte Windsbraut keine Zeit, sich eine andere Stelle für ihren Huf auszusuchen, vielleicht aber war auch sie zu einer Kriegerin geworden, genau wie ich. Die Antwort werde ich nie erfahren. Doch eines ist gewiß, an diesem Tag tötete auch sie ihren ersten Griechen.

Sekunden später sah ich, daß Antaeus' Pferd gestürzt war und dessen verwundetes Bein unter sich begrub. Ich stieß einen schrillen Kriegsschrei aus und flehte die Mutter um Beistand an. Dann verließ ich das Zentrum des Kampfes und eilte meinem Liebhaber zu Hilfe. Ich sah, wie Antaeus sich mit dem Schwert in der Hand verteidigte und einem seiner Gegner einen tödlichen Schlag versetzte. Während er noch versuchte, die Klinge aus der Leiche des ersten Mannes zu ziehen, stürzte sich ein anderer auf ihn und stieß ihm das Schwert tief in die Brust. Unter dem eigenen Pferd begraben starb Antaeus in dem Moment, in dem ich ihm zu Hilfe kam.

Da bemerkte ich aus dem Augenwinkel meine Clanschwester Niobe, die auf ihrem hellbraunen Hengst heransprengte. Ich überließ ihr die zwei übrigen Griechen, setzte Antaeus' Mörder nach und stieß ihm das Schwert zwischen Hals und Schulterblatt. Das war ein Fehler: Ich hätte den beiden anderen Griechen nicht den Rücken zukehren dürfen. Niobe tötete sie zwar, doch zuvor gelang es dem einen, meiner tapferen Windsbraut mit einem Hieb die Achillessehne zu durchtrennen und sie damit zu lähmen. Ich merkte es erst, als sie mit der Hinterhand zu Boden ging und mich abwarf.

Zum Glück landete ich auf den Füßen. Körperlich war ich unversehrt, doch meine Seele war wie gelähmt. Zwei Wesen, die mir noch an diesem Morgen treue und muntere Gefährten gewesen waren, mußten an diesem Tag ihr Leben lassen. Von Schmerz und Grauen überwältigt sah ich zu, als meine wunderbare Stute sich wie ein zertretener Wurm in dem blutigen Schlamm wälzte, den Kopf hin und her warf und verzweifelt wieherte. Ich wußte, was ich zu tun hatte, und mein Herz zersprang vor Kummer.

Ohne mich um irgend etwas anderes zu kümmern als meine Gefühle, zog ich Windsbrauts Kopf an meine Brust und hielt ihn fest, so stark ich konnte. Trotz ihrer Schmerzen beruhigte sie sich. Sie vertraute darauf, daß ich ihr helfen würde. Immerhin hatte ich für sie gesorgt, seit sie ein unsicher staksendes Fohlen gewesen war.

Dann streckte ich so sanft wie möglich ihren Hals und versetzte ihr den tödlichen Schnitt quer durch die Halsschlagader. Der schwere Kopf sank in meine Arme und tränkte meine Kleider mit Blut. Tränen strömten mir über die Wangen, als ich den Kopf auf die Erde bettete und ein letztes Mal mechanisch das wirre Haar ihrer Mähne glättete.

Plötzlich spürte ich einen durchbohrenden Blick in meinem Rücken. Ich drehte mich um und entdeckte Antaeus' Mörder, der mich, auf einen Ellbogen gestützt, beobachtete. Er würde sterben, und er wußte es, aber er war ruhig. Ein tapferer Mann.

Wir starrten einander an. Seine Augen waren von seltsamer goldbrauner Farbe, klar wie Juwelen. Er war jung, gutaussehend, mit feinen Zügen, kein langnasiger Rohling wie die meisten Griechen. Seine Lippen öffneten sich, als wollte er etwas sagen, doch aus der zerschlagenen Kehle drang kein Laut.

Mein Kummer und Schmerz waren so stark, daß ich ihm am liebsten noch einen Schlag versetzt hätte, um ihn doppelt zu töten. Doch einen Augenblick lang empfand ich Mitleid mit ihm – dasselbe Mitleid wie für meine Stute –, und gleichzeitig fiel mir ein, daß Mitleid mit einem Feind nicht zu einer Kriegerin paßt. Ich hob das Schwert. Er sah den Schlag kommen und rührte sich nicht. Sein starrer goldener Blick hielt meine Augen bis zur letzten Sekunde fest. In dem Moment, als mein Arm niederfiel, sank sein Körper zur Erde, und er starb. Mein Schlag erreichte nicht sein Ziel, und seine Augen blickten ins Leere. Nicht einmal im Tod schien er mich loslassen zu wollen, und als ich wegging, hatte ich das unangenehme Gefühl, von seinen leblosen Augen verfolgt zu werden.

Die Schlacht war fast vorüber.

Da kam Niobe mit ihrem Pferd am Zügel auf mich zu. Auch sie war unverletzt. Wir fielen uns in die Arme, während ich, von heftigen Gefühlen geschüttelt, um die Verschwendung von Leben und meinen Verlust weinte. Die griechischen Angreifer waren fast alle tot. Der Rest flüchtete in die Wälder. Unsere Krieger setzten ihnen nach und schlugen die meisten nieder. Vielleicht ist es einigen gelungen, sich zu verstecken und zu entkommen, aber man hat nie wieder etwas von ihnen gehört. Unsere Schlachtpriesterin las die Zeichen und sagte voraus, daß wir lange Zeit vor griechischen Eindringlingen sicher sein würden. Unser Volk hatte einen großen Sieg errungen.

An diesem Tag hatte die Göttin es gut mit uns gemeint. Sie hatte mir zwei meiner liebsten Gefährten genommen, doch ich selbst war unverletzt. Wenn ich auf meine Erfahrungen zurückblicke, wünsche ich mir manchmal, daß sie nicht so gut auf mich aufgepaßt hätte und ich nicht all die Prüfungen hätte bestehen müssen, die auf mich zukamen und die sich keiner in meinem Mutterclan – oder im ganzen Land – je hätte vorstellen können.

Das Töten des ersten Feindes in der Schlacht bedeutete so etwas wie einen Durchgangsritus für unsere Frauen. Für mich war es mehr. Es war der Beginn eines so seltsamen Lebens, daß ich selbst nach all der Zeit kaum glauben kann, daß es einmal Wirklichkeit war.

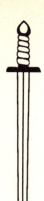

KAPITEL 2

Drei Tage vor dem nächsten Mondsterben begann ich mit dem rituellen Fasten, um mich auf die Pilgerreise in die heilige Stadt Themiskyra vorzubereiten, der Stätte des Haupttempels, den alle Mutterclans als Ursprung der Schöpfung und Quelle der Mütterlichen Kraft verehrten. Bis dahin hatten wir damit zu tun, die Grenzdörfer wiederaufzubauen und zu bevölkern, ihre Einrichtungen so weit wie möglich wiederherzustellen und die wertvollen Eisenschwerter der griechischen Toten zu bergen. Eisen war ein kostbares Metall und sehr selten bei uns. So hatten unsere Schmiede Gelegenheit, es zu analysieren und mehr über den Umgang mit ihm zu lernen.

Außerdem führten wir die Beerdigungsfeiern durch, um unsere Toten zu betrauern und sie der Mutter wiederzugeben. Obgleich wir wußten, daß sie eines Tages zurückkommen würden, war es schwer, sich von geliebten Wesen zu verabschieden, in der Gewißheit, sie in diesem Leben nicht wiederzusehen. Ich trauerte vor allem über den Verlust meiner Windsbraut. Ich war sicher, daß ihr Pferdekörper eine ehemals menschliche Seele beherbergt hatte. Da ich kein zweites Pferd besaß, blieb mir nichts anderes übrig, als die Reise nach Themiskyra zu Fuß anzutreten.

Ich hatte den Haupttempel bisher nur einmal besucht: als zum ersten Mal das Mondblut auf mich niederkam. Damals war ich natürlich noch sehr jung gewesen und tief beeindruckt von dem feierlichen Zeremoniell. Die Priesterin hatte mich gebadet und geschmückt, mich in einigen Mysterien unterwiesen und mich dann zur Göttin und ihrem damaligen Göttergefährten in eine nur vom ewigen Feuer erleuchteten Höhle geführt. Ich war zu Tränen gerührt. Mit diesem unverkennbaren Zeichen an meinem Schoß hatte die Mutter mir zu verstehen gegeben, daß ich in ihren Geist aufgenommen war. Von diesem Tag an konnte ich nie wieder den Vollmond betrachten, ohne einen Hauch dieser Ehrfurcht zu verspüren.

In unserem Land macht eine Kriegerin den zweiten Besuch im großen Tempel, nachdem sie zum ersten Mal getötet hat. Dort wird sie von der Schuld des Blutes gereinigt, von der Verantwortung für den Geist ihres Opfers entbunden und auf ihr neues Leben als Frau und Mutter vorbereitet. Die Göttin verleiht ihr die Macht, ihren eigenen Clan zu begründen. Ich wußte, daß ein Teil des Rituals darin bestehen würde, die drei Nächte des Mondtodes im heiligen Schoß der Mutter zu verbringen. Wenn die jungfräuliche Sichel am Himmel erschien, würde ich neu geboren werden.

Es war eine Auszeichnung, diesen Tempel betreten zu dürfen, der das Allerheiligste beherbergte: den Schwarzen Stein, den die Mutter vom Himmel gesandt hatte.

Themiskyras Schwarzer Stein wurde in der Schoßhöhle im Innersten der Erde aufbewahrt, bewacht von Priesterinnen, die als die heiligsten Frauen der Welt galten. Die Tempelfassade war in einen natürlichen Hügel eingelassen worden, der den Eingang zu den Höhlen barg. Obgleich unsere Ahninnen in diesem Land gelebt hatten, seit Pyrrhas himmlisches Blut die Felsen mit Leben erfüllte, gab es Teile der heiligen Höhlen, die noch kein menschliches Auge je erblickt hatte. Es hieß, daß jede Priesterin viele Monde lang das unterirdische Labyrinth studierte, bevor sie es gut genug kannte, um sich dort allein zurechtzufinden.

Im Vorzimmer des Tempels legte ich all meine Gewänder ab und behielt nur meinen Gürtel und das Schwert sowie einen kleinen Beutel aus Ziegenleder, der meine Amulette enthielt. Von diesen Gegenständen trennt sich eine Kriegerin niemals, aus welchem Grund auch immer. Eine Priesterin half mir zu baden, mich zu reinigen und zu parfümieren. Sie kämmte und flocht mein Haar, salbte mich mit heiligem Öl und zeichnete mit purpurner Farbe aus Tyrus den Stern des Wissens auf meine Stirn. Ich kniete auf dem steinernen Boden am Eingang zum Labyrinth und fröstelte ein wenig in der morgendlichen Kälte, während die Priesterin eine Fackel holte, um mich in den Schoß meiner Wiedergeburt zu geleiten.

Eine Reise in die heiligen Höhlen vergißt man sein ganzes Leben lang nicht. Noch heute ist mir jede Einzelheit dieses Besuches gegenwärtig. Die Priesterin und ich gingen an einer Reihe von Nischen vorbei, die diverse geschnitzte und bemalte Nachbildungen der Mutter und ihrer Inkarnationen, der Heldinnen der Legende, der Stammesköniginnen und ihrer Gemahle, der Clanmütter und Heiligen enthielten. Kleine Votivlampen brannten davor, die wie Sterne in der Dunkelheit aufblitzten und wieder verschwanden. In manchen Nischen befanden sich geschnitzte Darstellungen von enormer Größe, die mit Edelsteinen und kostbaren Metallen geschmückt waren, in anderen standen lebende Frauen, Angehörige der Priesterinnenschaft, so maskiert und kostümiert, daß sie bestimmte religiöse Prinzipien und Wesenheiten verkörperten. Ihnen erwies ich meine Huldigung, während sie rituelle Gesten vollzogen und mir bestimmte Fragen stellten, auf die ich die entsprechenden Antworten gab. Doch das sind heilige Mysterien, auf die ich nicht näher eingehen darf.

Dann kamen wir zur Kammer des Schwarzen Steines. Die Priesterin zog einen Vorhang beiseite und gestattete mir einen Blick in die heilige Stätte; der Eintritt jedoch blieb mir verwehrt. Ich öffnete meinen Amulettbeutel und nahm den Augenstein heraus. Ich hielt ihn hoch, damit er sich zur Genüge an dem heiligen, von den Sternen gesandten Stein sattsehen konnte. So würde mich seine Gabe zu sehen nie im Stich lassen. Als ich ihn wieder zurücklegte, schien er eine Wärme auszustrahlen, die ich selbst durch das Ziegenleder hindurch spüren konnte.

Es gab noch viele andere Naturwunder in dem Labyrinth. Die Fackel der Priesterin beleuchtete die erstaunlichsten Formen im Gestein: Messer, Wasserfälle, Schlangennester und Karyatiden. Kristalle funkelten wie Sternenstaub im Dunkeln. Hier und dort gab es Teiche, die schwarzen Spiegeln ähnelten. Die Felsen selbst schimmerten in allen Farben. Manche waren tatsächlich von unseren Vorfahrinnen bemalt worden, in der Absicht, die Höhlenwände mit einem Zauber für die Jagd, die Ernte oder die Geburt auszustatten.

Zuletzt erreichten wir die yoniförmige Tür, die für

meine Wiedergeburt auserwählt worden war, tief im Inneren von Mutter Erde. Der Eingang bestand aus einer kleinen vulvaförmigen Öffnung, die teils natürlich, teils in den Felsen gehauen und gerade groß genug für einen menschlichen Körper war. Die Öffnung war mit einem blutrot gefärbten, feuchten Vlies verhängt. Der Gang im Inneren war vollkommen schwarz, aber nicht muffig. Die Luft schien frisch.

Dann sagte die Priesterin: «Hier wirst du hineinkriechen, so wie du einst aus deiner Mutter gekrochen bist, und ich werde die Tür hinter dir versiegeln.» Damit deutete sie auf eine schwere Steinplatte, mit der sie die Öffnung verschließen und zusätzlich mit hölzernen Riegeln sichern würde. «Fürchte dich nicht, Antiope», sagte sie. «Du wirst es darin ebenso behaglich haben wie im Schoß deiner Mutter. Es gibt frische Luft, die durch kleine Schächte eindringt. Es gibt Wasser zum Trinken, so wie du die Flüssigkeit deiner Mutter getrunken hast. Es gibt ein tiefes Loch über einem endlosen Abgrund, in das du dich entleeren kannst. Doch da du fastest, wirst du kaum Ausscheidungen haben. Ruhe und meditiere. Versuche in den Zustand des Fötus zurückzukehren. Vielleicht wird dir eine große Vision geschenkt.»

Ich beugte den Kopf, und sie strich mir nachdenklich über das Haar. «Die Reise deiner Seele wird lang sein», sagte sie, «und ich kann nicht sehen, wo sie endet. Ich glaube, du wirst in Gefahr geraten, liebe Antiope. Aber du bist tapfer und stark. Du hast auch schon früher Gefahren gemeistert.»

«Ja», antwortete ich. Ich hatte keine Angst. Das Labyrinth, die uterinen Höhlen, das Innere von Mutter Erde erschienen mir eher gastfreundlich als gefährlich. Was sollte mir im Schoß meiner Mutter zustoßen können?

Ich küßte die Priesterin und erhielt ihren Segen.

Dann kroch ich durch die yoniförmige Öffnung in den kleinen Gang dahinter. Auch er war mit rotgefärbten Tüchern ausgeschlagen. Das Licht der Fackel erlosch, als die Priesterin den Eingang hinter mir verschloß und mit einem hohlem, laut widerhallenden Geräusch verriegelte. Ich war umgeben von vollkommener Finsternis und einer Stille, so dicht, daß ich das Blut in den Ohren rauschen hörte. Ein kurzer Augenblick der Panik, als ich die Unnachgiebigkeit der Felsen spürte, die mich unter der trügerischen Weichheit der Tücher von allen Seiten einschlossen. Ich hielt inne, um tief durchzuatmen und mich zu beruhigen. Dann kroch ich auf den Ellbogen weiter. Nach weiteren sieben oder acht Metern gelangte ich ins Innere der Schoßhöhle.

Hier konnte ich aufrecht stehen, obgleich die Dekke keine dreißig Zentimeter über meinem Kopf begann. Mit ausgestreckten Armen berührte ich beide Wände. Der Raum war gerade so groß, daß ich nach Belieben stehen, sitzen oder liegen konnte. Zuerst fühlte er sich feucht und kalt an, doch ich wußte, daß die Hitze meines Körpers ihn bald erwärmen würde. Ich fand die Luftlöcher, jedes ungefähr drei Finger breit, und den Abtritt. In der Ecke, die dem Eingang gegenüber lag, rann Wasser aus einem Felsen in eine kleine steinerne Höhlung, die von der Natur oder von Menschenhand wie ein Becher geformt worden war. Aus diesem Gefäß konnte ich das reine Fruchtwasser der Mutter trinken, wann immer ich wollte. Ich probierte das Wasser; es schmeckte süß und kühl.

Zuerst fand ich die undurchdringliche Dunkelheit bedrückender, als ich erwartet hatte. Ich setzte mich hin und sammelte mich, bis sich der Druck löste. Dann begann ich, Lichter und Bilder zu sehen.

Unvermittelt erschien vor meinem inneren Auge das

Gesicht meines Opfers. Noch einmal sah ich den letzten verzweifelten Blick seiner goldbraunen Augen. Wie konnte sein Geist mich hier, an diesem heiligen Ort, verfolgen? Wie als Zauber gegen mögliche spirituelle Feindseligkeit nahm ich meine Amulette aus dem Beutel und hielt jeweils zwei in einer Hand. Allein durch die Berührung konnte ich sie unterscheiden.

Insgesamt waren es vier, und jedes auf magische Weise mit einem der Elemente verbunden. Das erste war mein Jungfrauenstein, so farblos und durchscheinend wie das Wasser, das er symbolisierte, ein scharfer, sechsseitiger Kristall aus Quartz, der bei den Griechen krystallos heißt oder versteinertes Eis. Das zweite war mein Mutterstein, ein herzförmiger, polierter Karneol, so rot wie das Element des Feuers; das war der Stein für meine Sexualität, meine Leidenschaft und einen Kämpfergeist, der ebenso unbeugsam war wie der einer Mutter, die ihre aus dem eigenen Herzblut geborenen Kinder verteidigt. Das dritte war mein Altenstein, schwarz wie der Abgrund der Erde, in dem ich jetzt begraben war – Symbol für Tod und Wiedergeburt. Er verfügte über ein eigentümliches Wissen, das ihn physikalisch zu allen aus kostbarem Eisen gefertigten Gegenständen hinzog. Er hieß Magneteisenstein, und ich habe gehört, daß der von den Sternen gesandte Schwarze Stein ihn zu sich rufen und ebenso an sich binden konnte wie eine Mutter ihr Kind. Das vierte unter meinen Amuletten war der Augenstein, rund und goldschimmernd wie das allsehende Auge der Mondgöttin am Himmel. Ein leuchtender Punkt in seiner Mitte symbolisierte das Auge des göttlichen Geistes, der Licht ins Dunkel bringt. Diese Kraft brauchte ich jetzt.

Ich betete: «Oh, Mutter, verjage den Geist dieses Griechen, dessen Volk es wagt, dich zu verachten und deine Söhne verehrt, jene streitenden, eifersüchtigen Götter, die die Verbrechen der Griechen gegen Frauen gutheißen. Ich bin deine Tochter, Kriegerin in deinem Dienst. Der Grieche mußte sterben, weil er versuchte, Land und Vieh von deinen gläubigen Kindern zu stehlen. Wirf ihn in den tiefsten Abgrund des Vergessens, oh Mutter, und schenke mir eine läuternde Vision. Ich ruhe in deinem geliebten Körper."

So saß ich da und hielt meine Amulette in beiden Händen. Die Stunden vergingen. Immer tiefer versank ich in der weichen Finsternis, ohne den geringsten Versuch zu unternehmen, meine Gedanken zu kontrollieren. Ich ließ sie einfach treiben. Manchmal sprach ich laut vor mich hin, doch der tote Klang meiner Stimme in der dumpfen Kammer ängstigte mich, und so verstummte ich wieder. Ich pendelte zwischen Trance und Wachzustand. Ich erinnere mich, daß ich mehrmals zum Wasserbecken und zum Abort kroch. Ich schlief und wachte, aber nach einer Weile wußte ich kaum noch, wann ich wach war und wann ich träumte.

Ich dachte an meinen Hof zu Hause, an meine geliebte Mutter, die über den Herd wachte, und an meine drei älteren Schwestern mit ihren Männern und Kindern. Ich hatte auch noch zwei Brüder, doch die waren natürlich in die Häuser ihrer Frauen gezogen, um Mitglieder eines anderen Mutterclans zu werden. Die ältere Schwester meiner Mutter, Leukippe, hatte nie geheiratet und lebte noch immer bei uns. Sie war die bei uns lebende Alte, eine heilige Frau, die Tante, die auf alles eine Antwort wußte. Früher war sie Priesterin gewesen. Sie verstand sich auf die Kunst des Heilens und die Lehre von den Kräutern und Steinen. Tante Leukippe nähte nach einer Schlacht meine Wunden und tauchte sie in heilende Bäder. Tante Leukippe hatte uns Geschichten über die Sterne erzählt, als wir klein waren, uns in der Sage unserer Ahninnen unterwiesen und die seit altersher überlieferten Weisen beigebracht. Als Schwester meiner Mutter war sie mir fast so lieb wie meine leibliche Mutter. Tante Leukippe war meine alma mater – meine Seelenmutter. Als ich noch fürchtete, daß ich nie imstande sein würde, einen Griechen zu töten und daher unverheiratet bleiben müsse, träumte ich davon, mein Leben der Göttin zu weihen und den Kindern meiner Schwester eine zweite Tante Leukippe zu sein. Meine späteren Jahre würde ich dem Studium der alten Lehren widmen.

Doch jetzt war alles anders geworden. Nachdem ich meinen ersten Griechen getötet und damit eine ererbte Macht über die Feinde meines Volkes unter Beweis gestellt hatte, konnte ich mir gestatten, selbst Kinder zu haben. Ich dachte an meine männlichen Liebhaber. Trotz meines fortgeschrittenen Alters hatte ich erst drei gehabt. Die Ausbildung zur Kriegerin ließ einem nur wenig Zeit für Liebschaften. Wenn es darum ging, wer Vater meiner Kinder werden sollte, würde ich mich für keinen der drei entscheiden können. Nein, ich mußte einen besser qualifizierten Mann finden, einen Mann mit einem väterlicheren Temperament und vielleicht ein paar nützlichen, lehrbaren Fähigkeiten. Ein Schmied zum Beispiel wäre nicht schlecht. Schmiede galten in meinem Volk als Seher, Zauberer und sehr angesehene Handwerker. Man hielt sie für so unersetzlich, daß der Rat der Mütter sie zuweilen absichtlich lähmen ließ, um sie daran zu hindern, wegzulaufen und sich anderen Stämmen anzuschließen. Der rituelle Tanz der Schmiede wurde Hinketanz genannt, denn alle Schmiede hinkten auf dem linken Fuß, ganz gleich, ob sie körperlich verkrüppelt worden waren oder nicht. Auf diese Art ehrten sie Velchanos, den Schutzgott ihres Handwerks, einen lahmen Gott, dessen Esse unter den Feuerbergen lag. Sein Geist manifestierte sich gelegentlich bei Nacht als Feuersäule und bei Tag als dunkle Wolke. Unsere Überlieferung besagte, daß die Göttin selbst Velchanos zu ihrem Lieblingssohn gemacht, ihn verkrüppelt und in die Unterwelt entsandt hatte, um die Blitze zu schmieden und über die Schmiede zu herrschen.

Von Zeit zu Zeit kam ich in die Gegenwart zurück und sagte mir, daß diese wandernden Gedanken trivial waren und ich anfangen mußte, zielgerichteter zu denken. Ich versuchte mich auf höhere Dinge zu konzentrieren und meinen Geist zu leeren, um ihn für eine Vision empfänglich zu machen. Ich sehnte mich nach einer Vision. Ich hoffte, daß die Mutter mir die Ehre einer wahrhaft transzendenten Erfahrung erweisen würde. Das war möglicherweise Hybris, aber ich war bereit, mich selbst zu verlieren.

Und doch hätte keine Unterweisung dieser Welt mich auf das vorbereiten können, was dann geschah.

KAPITEL 3

Ich muß in Trance gefallen sein und das Bewußtsein verloren haben. Ich weiß noch, daß es einen dunklen Raum gab, in dem ich mir einer vagen Bewegung bewußt war. Später kam es mir so vor, als sei ich durch eine endlose Leere gestürzt. Es gab kein Ziel bei dieser Reise. Sie führte vom Nichts ins Nichts.

Plötzlich erwachte ich an einem so entsetzlichen Ort, daß ich zuerst glaubte, in einer der fürchterlichsten Gegenden des Hades gelandet zu sein. Die Schoßhöhle und die Wärme, die mein Körper ausgestrahlt hatte, waren verschwunden. Nackt und frierend lag ich auf einer grasbewachsenen Böschung unter freiem Himmel. Aber was war das für eine Luft! Ein abgestandener, stickiger, fremdartiger Gestank erfüllte sie, anders als alles, was ich je im Leben gerochen hatte. Er erstickte die Düfte der Gräser, Blätter, Tiere und andere Gerüche, die ich bisher gewohnt war. Diese abscheuliche Luft war die charakteristische Atmosphäre einer bizarren Welt, in der ich mich wiederfand. Es war unmöglich, auch nur einen wirklich erfrischenden Atemzug zu tun.

Es war Nacht. Der Himmel war dunkel, doch genau wie die verpestete Luft schien er anders als alles, was ich kannte: nicht wirklich dunkel, sondern trübe, ein dumpfes Glühen, das die meisten Sterne verdunkelte. Ich starrte durch diesen schwefelfarbenen Dunst und suchte nach den vertrauten Konstellationen. Es gelang mir, im Sternbild der Artemis Kalliste oder Bärenmutter die sieben hellen Sterne zu finden, die wir Sieben Schwestern nennen, und von dort aus lokalisierte ich auch den Fixpunkt des Himmels im Sternbild des Bärenkindes. Das, so wußte ich, war Norden. Als ich nach weiteren hellen Sternen suchte, die mir helfen könnten, die zumeist verborgenen Sternbilder wiederzufinden, entdeckte ich etwas, das nichts anderes sein konnte als ein fliegender Dämon: ein Sternenpaar, das wie zwei Augen dicht nebeneinander gemächlich am Himmel entlangzog, ganz anders als die Sterne, die plötzlich herabstürzen und verlöschen. Dann sah ich einen zweiten Dämon, und noch einen. Sie bewegten sich kreuz und quer über den Himmel. Der bleierne Dunstschleier der schlechten Luft schien stark genug, um sie zwischen den Sternen festzuhalten.

Voller Schrecken sah ich als nächstes zwei ähnliche Dämonenaugen am Boden direkt auf mich zukommen. Die schimmernden Lichter näherten sich schneller als ein Pferd hätte laufen können und waren begleitet von einem pfeifenden Dröhnen, das ich für die Stimme des Dämonen hielt. Trotz meiner Ausbildung empfand ich schreckliche Angst. Sollte ich etwa an diesem lächerlichen Ort ein schmähliches Ende finden und von einer drachenähnlichen Kreatur verschlungen werden? Zitternd zog ich mein Schwert und beschloß zu sterben, wie es einer Kriegerin geziemt, doch beim ungestümen Ansturm meines Gegners verlor ich den Mut. Er mußte schneller sein als ein Adler, der sich aus dem Himmel auf sein Opfer stürzt! Bebend stand ich da, das Schwert in der Hand. Zu meinem großen Erstaunen jedoch preschte das blitzäugige Ungeheuer an mir vorbei und warf dabei nur lange weiße Strahlen aus seinen lodernden Augen. Ich hatte gerade Zeit genug, um eine bucklige schwarze Masse zu erkennen, die mich an eine riesige Schildkröte erinnerte. Dann war sie an mir vorbei und entfernte sich. Noch erstaunter war ich, als ich zwei weitere rotglühende Augen auf der Rückseite entdeckte, leuchtender als die Farbe der Sonne, wenn sie am Ende des Tages am Westlichen Tor versinkt.

Dann kam aus der entgegengesetzten Richtung ein ähnliches Objekt und rauschte genauso an mir vorbei wie das erste. Und noch eins, und noch eins. Immer hielten sie sich auf dem breiten, flachen Pfad, den ich jetzt neben meiner Böschung entdeckte. Sie waren also gar nicht lebendig. Ich sah, daß sie sich auf Rädern bewegten, nicht auf Füßen. Es handelte sich um eine Art Karren, aber er wurde nicht von Tieren gezogen. Kein Tier hätte einen Wagen in diesem Tempo ziehen können. Ich hatte mich schon fast daran gewöhnt, sie vorbeifahren zu sehen, als ich voller Entsetzen einen auf mich zukommen sah, der größer war als alle bisherigen und lauter brüllte als hundert angreifende Löwen auf einmal. Er war höher als ein Haus und so lang wie zwei. Bei seinem Anblick packte mich aufs neue die Furcht, doch er rauschte vorbei wie alle anderen und folgte unbeirrt dem seltsam flachen Pfad.

Am östlichen Himmel zeigte sich jetzt ein schmutziges, fahles Grau. Die Dämmerung stand bevor. Je heller es wurde, um so mehr Einzelheiten meiner Umgebung wurden erkennbar. Der flache Pfad war von vielen sehr hohen, geraden und blattlosen Baumstämmen gesäumt, die in einigem Abstand voneinander plaziert und oben durch mehrere lange schwarze Seile miteinander verbunden waren, die von seltsamen Querbalken herabhingen. In der Mitte des flachen Pfades verlief ein Strich von kreideweißer Farbe, etwa so breit wie die Spanne einer Hand. Ich bemerkte, daß die von links heranstürzenden Karren sich auf der diesseitigen Bahn des weißen Streifens hielten und die von rechts kommenden auf der jenseitigen. Auf diese Weise kamen sie sich trotz ihres schwindelerregenden Tempos nie in die Quere. Es war wie eine bizarre Kopie einer Sitte meines eigenen Volkes – sich auf einem Weg auf der rechten Seite zu halten, um die linke, von Herzen kommende Hand freizuhaben und Entgegenkommende freundlich begrüßen zu können.

Nur allzu schnell jedoch sollte ich lernen, daß die Karren von richtigen Menschen gelenkt wurden und einige dieser Menschen alles andere als freundlich waren.

Eines der Fahrzeuge blieb nämlich plötzlich mit einem eigenartig kreischenden Geräusch genau vor mir stehen. Ein junger Mann streckte seinen Kopf aus einem Loch an der Seite und sprach mich an. «Hey, Baby, is dir nich kalt? Steig ein, wir kriegen dich schon warm!» Dann brach er in wieherndes Gelächter aus, dem sich die anderen Männer im Wagen anschlossen.

Ich versetzte mein Bewußtsein in den denksensitiven Zustand, den Tante Leukippe mich gelehrt hatte, und versuchte, die Bedeutung der Worte zu verstehen. Ihre Sprache war anders als alles, was ich je gehört hatte. Normalerweise ermöglicht der denksensitive Zustand den Menschen, miteinander zu kommunizieren, obwohl sie die Sprache des anderen nicht verstehen. Es war eine nützliche Fähigkeit für Händler, die in viele fremde Länder reisten, oder Priesterinnen, die viele Dialekte zu hören bekamen. In diesem Moment wünschte ich, bei Tante Leukippes Lektionen besser aufgepaßt zu haben. Meine Fähigkeiten waren äußerst begrenzt. Ich schnappte nur einen Teil dessen auf, was die Männer sagten, als sie sich untereinander unterhielten. Eines jedoch war nicht zu überhören: ihre Haltung mir gegenüber war äußerst feindselig.

«Was zum Teufel macht sie hier am Arsch der Welt?» sagte einer von ihnen.

«Weiß der Geier. Wahrscheinlich ist sie eins von diesen übergeschnappten Flittchen.»

«Jede Wette, daß sie Sport treibt. Seht euch diese Kurven an!»

«Ja, aber vergiß nicht den Totschläger, den sie in der Hand hat. Willst du's etwa damit aufnehmen?»

«Jetzt hör aber auf! Sie ist allein. Vier gegen eine. Wollt ihr euch so eine Gelegenheit durch die Lappen gehen lassen?»

«Mann, Bobby! Kannst du den Hals denn nie vollkriegen?»

«Was soll das heißen? Wie oft liegt ein solcher Braten am Straßenrand und wartet nur drauf, daß einer vorbeikommt und ihn mitnimmt? Seid ihr verrückt oder was? Na los, kommt schon, ihr Waschlappen. Wird Zeit, daß ihr endlich Männer werdet und eure Schwänze gebraucht!»

Der erste Mann öffnete ein größeres Loch in dem Karren, stieg aus und kam langsam auf mich zu. Die drei anderen folgten ihm. Es waren wirklich seltsame Männer, und sie trugen seltsame Gewänder. Obgleich sie jung waren, wirkten ihre bloßen Arme schlaff und kraftlos, wie die Arme von alten Männern oder solchen, die nie normale körperliche Arbeit geleistet hatten. Ihre Bäuche waren weich und rund. An ihrem Gang erkannte ich, daß sie weder kampferprobt noch stark waren. Ich glaubte daher, daß ich sie besiegen könnte, wenn es zum Kampf kam, obwohl sie in der Überzahl waren. Ich hatte eine Waffe und sie nicht, so weit ich sehen konnte.

«Komm schon, Süße», sagte der, den sie Bobby nannten. »Mach uns keinen Ärger, und wir tun dir nichts. Wir woll'n nur unsern Spaß, okay?» Seine Augen waren grausam, kalt und verächtlich. Ich umklammerte mein Schwert und rührte mich nicht vom Fleck.

«Hütet euch vor mir», sagte ich, «denn ich bin eine ausgebildete Kriegerin im Dienst der Mutter. Wer mich vergewaltigt, wird mit seinem eigenen Blut bezahlen.» Ich hatte ihren Haß auf Frauen gespürt und dachte, sie könnten Griechen sein. Daher sprach ich Hellenistisch mit ihnen.

«Scheint 'ne Ausländerin zu sein. Englisch isses jedenfalls nicht.»

«Was für 'ne Sprache soll'n das sein?»

«Keine Ahnung. Klingt wie Griechisch.»

«Los, beeilen wir uns, packen wir sie in den Wagen und hauen ab. Das viele freie Feld hier macht mich ganz fickrig. All der Verkehr.»

«Is kein Verkehr», antwortete Bobby. «Siehst du irgendwelchen Verkehr? Paßt auf, das versteht sie garantiert.» Aus irgendeinem Versteck in seinen Gewändern zog er einen kleinen, hell polierten Dolch, den er drohend in meine Richtung schwenkte. «Wirf den Totschläger weg, Süße», sagte er. «Wir wollen keine Schwierigkeiten, verstehst du. Alles bleibt nett und freundlich, okay?»

Ich mußte beinahe lachen über soviel Narrheit. Ein albernes kleines Messer gegen ein Schwert in der Hand einer ausgebildeten Jungfrau der Mutter! Er war nicht mal klug genug, sich in dem Bruchteil einer Sekunde, bevor er sich auf mich stürzte, nichts anmerken zu lassen. Ich war bereit. Mein Schwert schnellte hoch, und sein lächerlicher Dolch flog im hohen Bogen ins Gras, gefolgt von den ersten drei Fingern der rechten Hand. Das Blut strömte an seiner Hand herab. Bobby schrie wie am Spieß.

»Jessas, die Schlampe hat mir die Hand abgehackt!« brüllte er. »Mach sie alle, Joe! Knall sie ab! Und schafft mich zu einem gottverdammten Arzt!«

»Nichts wie weg hier«, sagte der zweite.

Sie fingen an, rückwärts zu gehen. Bobby umklammerte seine Hand und heulte. Ich folgte ihnen, bereit, erneut zuzuschlagen.

Derjenige, den sie Joe nannten, zog einen kurzen Stock aus schwarzem Metall, richtete ihn auf mich und sagte: »Bleib lieber stehen, du Schlampe.« Dieser Stock hatte noch weniger Ähnlichkeit mit einer nützlichen Waffe als Bobbys Kindermesser. Als ich sah, daß sie zögerten, ergriff ich die Gelegenheit beim Schopf, stieß meinen Kriegsruf aus und stürzte mich auf sie. Plötzlich hallte ein Donnerschlag durch die Luft. Etwas brennend Heißes bohrte sich in meinen Oberschenkel, und ich sackte zusammen. Das Schwert flog mir aus der Hand. Jetzt bin ich hilflos, schoß es mir durch den Kopf. Sie werden mich bezwingen. Doch zu meiner Überraschung kam es ganz anders. Sie rannten, als sei eine ganze Horde von Soldaten hinter ihnen her, warfen sich Hals über Kopf in ihren komischen kleinen Karren und rasten mit einem durchdringend kreischenden Geräusch davon.

Ich versuchte aufzustehen, doch es ging nicht. Das Loch in meinem Schenkel blutete heftig und verursachte einen glühenden Schmerz. Durch welchen bösen Zauber hatte ich so verwundet werden können, obwohl mich keine Klinge berührt hatte? Glücklicherweise schien es diesen seltsamen Männern an Entschlossenheit zu fehlen. Ich kam zu dem Schluß, daß es keine Griechen gewesen sein konnten; trotz ihrer Fehler waren die Griechen nicht so feige, vor einer verwundeten Kriegerin davonzulaufen.

Ich lag im Gras und versuchte, mich so weit zu beruhigen, daß ich mir über meine Lage klar werden konnte. Die Schmerzen wurden durch den Schock so vieler ungewohnter Eindrücke noch verstärkt, durch die schlechte Luft, den verhangenen Himmel, die dämonischen Wagen und die rücksichtslose Brutalität der Menschen, denen ich begegnet war. Eine Zeitlang muß ich das Bewußtsein verloren haben. Als ich wieder zu mir kam, war die Sonne aufgegangen.

Mittlerweile rauschten viele Wagen über den Weg, auch immer mehr von den riesigen hausähnlichen, die so furchterregend dröhnten. Sie trugen leuchtende Farben auf der Seite, die sicher irgend etwas bedeuteten. Wenn jeder Wagen aggressive Männer transportierte, dann hatte ich es wirklich mit einer übermächtigen Armee zu tun. Ich mußte einen Platz finden, an dem ich mich verstecken konnte und einigermaßen sicher war.

Ich versuchte aufzustehen und fiel wieder hin. Der Schmerz entlockte mir sogar einen Schrei. Wie hatte ich nur durch einen Luftzug derart verletzt werden können? Das war eine fürchterliche Magie. Ich war schwach, so viel Blut hatte ich verloren. Hilflos schwankend stand ich einen Augenblick da. Dann stürzte ich erneut und fing an, von der Böschung an der Straße wegzukriechen, wobei ich im Gras eine Blutspur hinterließ.

Undeutlich sah ich, daß ein anderer Wagen an derselben Stelle stehengeblieben war wie der erste. Waren die Männer zurückgekommen, um mich doch noch zu töten? Oder war es eine neue Gruppe, geschickter im Umgang mit der Waffe? Ich richtete mich halb auf und griff nach meinem Schwert, obwohl mein Arm vor Schwäche zitterte. Ich war entschlossen, als Kriegerin zu sterben, mit der Klinge in der Hand. Ich würde mich dem Feind stellen und nicht zulassen, daß sich Angst in meinen Augen zeigte.

Diesmal stieg eine einzelne Frau aus dem Fahrzeug. Sie war gekleidet wie die Männer, aber älter, hochgewachsen, mit dem in die Breite gegangenen Körper und ergrauenden Haar einer Alten Mutter. Ich spürte keinerlei Aggressivität, daher neigte ich ehrerbietig den Kopf, um meine Achtung vor dem Alter zu bezeugen. Sie sprach mich freundlich an und stellte Fragen, die ich beinahe verstand, wenn ich mir sehr viel Mühe gab.

«Was ist los mit dir? Wo sind deine Kleider? Was machst du hier? Bist du verletzt?»

Ich konnte keine zusammenhängenden Bilder erkennen, doch allein ihr Gesichtsausdruck und der Ton der Stimme strahlten freundliche Besorgnis aus. Unendlich dankbar erkannte ich die Anteilnahme der Frau und ihre Bereitschaft, mir zu helfen. Sie war der erste wohlmeinende Mensch, den ich an diesem schrecklichen Ort traf. Vor lauter Erleichterung brach ich in Tränen aus, steckte mein Schwert in die Scheide zurück und streckte ihr die Arme entgegen. Sie half mir aufzustehen. Dann legte sie meinen Arm um ihre Schultern und führte mich die Böschung hinunter zu ihrem Wagen.

Als ich merkte, daß sie die Absicht hatte, mich hineinzusetzen, zögerte ich. Wohin würde mich dieser schreckliche, pferdelose Wagen bringen? War die Frau vielleicht ein Köder, ausgesandt, um mich mit gespielter Freundlichkeit einzulullen? Wenn ja, so war sie sehr geschickt. Ich entdeckte in ihrem Geist keine Spur von Falschheit.

Sie schob mich vorwärts und spach beruhigend auf mich ein. «Ist schon gut», sagte sie. «Hab keine Angst. Was auch immer dir zugestoßen ist, es wird sich nicht wiederholen. Ich kümmere mich um dich.»

Sie sprach die gleiche merkwürdige Sprache wie die Männer, doch ihre inneren Absichten offenbarten mir nur guten Willen. Es fiel mir schwer, trotz der Schmerzen und meiner körperlichen Schwäche den denk-sensitiven Zustand aufrechtzuerhalten. Ich wußte, daß ich mich konzentrieren mußte. Vielleicht würde mein Leben davon abhängen, ob ich die Absichten dieser Frau richtig verstand oder nicht.

Sie lehnte mich gegen das spiegelglatte Metall ihres Wagens, öffnete eine Tür darin und zog ein seltsames Gewand heraus, das aussah wie ein Umhang mit zwei Ärmeln. «Hier, zieh das über», sagte sie, und legte es um meine Schultern. Sie führte meine Arme durch die Ärmel und schloß das Gewand vor der Brust. Dann griff sie erneut ins Innere des Wagens und zog ein Stück Tuch heraus, das wunderbar weich und mit komplizierten Mustern in phantastischen Farben bemalt war. Ein solches Tuch hatte ich noch nie gesehen. Ich glaubte, die Göttin selbst müsse es gesponnen haben.

Die Frau wickelte das Tuch fest um meinen verwundeten Oberschenkel. Das heraussickernde Blut befleckte die herrlichen Farben und verdarb das Tuch. Mehr als jede andere Geste überzeugte mich dieses Opfer von den aufrichtigen Absichten der Frau.

Ich erlaubte ihr, mich in den Wagen zu setzen und sogar eine Art von Gurt über meiner Brust zu befestigen, obwohl mich beim Anblick dieser offensichtlichen Fessel ein unbehagliches Gefühl beschlich. Sie setzte sich neben mich und zog einen ähnlichen Gurt über ihren eigenen Körper.

«Wohin?» fragte sie. «Willst du nach Hause, ins Krankenhaus oder lieber zu deinem eigenen Arzt? Wo wohnst du?»

«Ich bin eine Fremde an diesem Ort», antwortete ich. «Ich komme aus Themiskyra.»

Die Frau schien überrascht. «Du sprichst also kein Englisch», sagte sie. «Parlez-vous français? Sprechen Sie Deutsch? ¿Habla usted español?»

Ich verstand, daß sie andere Sprachen an mir ausprobierte, aber keines der Worte klang auch nur im entferntesten vertraut. Ich antwortete in Griechisch, der einzigen Fremdsprache, die ich beherrschte. Sie schüttelte den Kopf und beschränkte sich auf Zeichensprache. Zuerst legte sie eine Hand auf ihre Brust und sagte: «Diana.» Dann legte sie die Hand auf meine Brust und sah mich fragend an. Offensichtlich wollte sie wissen, wie ich heiße. Ich sagte: «Antiope.» Es gefiel mir gut, daß ihr Name so wie der einer Großen Göttin klang – Dione. Vielleicht war sie eine Priesterin.

«Nun, Ann», sagte sie, «es ist klar, daß du erstens einen Übersetzer und zweitens einen Arzt brauchst. Aber das Bein hat Vorrang. Am besten bringe ich dich in die Notaufnahme des Krankenhauses.»

Als sie diese Worte aussprach, blitzte ein wahrhaft grauenhaftes Bild vor meinen Augen auf. Ich sah eine große Höhle, die von einem unnatürlichen blau-weißen Licht erfüllt war. Viele Menschen in weißen Kleidern taten anderen Menschen unnatürliche Dinge an, und diese röchelten, schrien, stöhnten oder wanden sich vor Schmerzen. Manche lagen ganz still, als wären sie tot. Überall war Blut. In hektischer Betriebsamkeit wurden gräßliche Geräte wie Foltermaschinen an Teile menschlicher Körper angeschlossen. Wenn die Opfer in eine todesähnliche Erstarrung versanken, wurden sie fortgeschafft zu einem unvorstellbaren Ort, wo sie mit Sicherheit noch Schlimmeres erleiden mußten.

Ich stöhnte vor Entsetzen. Diana warf mir einen Blick zu. «Was? Nein? Nicht ins Krankenhaus?»

Ich erkannte ein negatives Wort. «N-n-nein», keuchte ich. «Nein. Nein!» Ich hob die Hand vors Gesicht, mit der Handfläche nach außen, um verzweifelten Protest auszudrücken.

«Schon gut, beruhige dich. Wir fahren nicht ins Krankenhaus. Dieses Wort scheinst du jedenfalls zu verstehen. Ich muß sagen, du machst mich wirklich neugierig. Es kommt nicht jeden Tag vor, daß ich eine hübsche junge Frau am Straßenrand finde, die nichts weiter am Leib trägt als einen kleinen Lederbeutel und ein komisches Schwert, kein Wort Englisch versteht und aus einem Loch im Bein blutet. Das ist Stoff für eine erstklassige Story, die ich gern erfahren würde. Schön, dann fahren wir eben zu mir. Dort kann ich dich auch behandeln lassen. Wir fahren zu Diana nach Haus, ist das okay?»

Ich starrte ihr in die Augen, um herauszukriegen, was sie vorhatte. Ich hatte das Gefühl, daß mir die Feinheiten ihrer Rede entgangen waren. Ihr Ausdruck erschien mir immer noch aufrichtig und freundlich. Sie nahm meinen ernsten Blick als Zeichen des Einverständnisses, tätschelte mein unverletztes Bein und machte irgend etwas, um den Wagen in Bewegung zu setzen. So begann eines der außergewöhnlichsten und denkwürdigsten Erlebnisse meines Lebens: die erste Fahrt in einem Auto.

Später dachte ich, daß meine Benommenheit und die Schmerzen dazu beigetragen haben müssen, mich von den schlimmsten Schrecken dieser Erfahrung abzulenken. Wäre ich imstande gewesen, ihnen volle Aufmerksamkeit zu schenken, hätte ich vielleicht den Kopf verloren. Nie wäre ich auf die Idee gekommen, daß irgendein Fahrzeug auf der Welt so schnell sein könnte. Die Bäume und Gräser am Straßenrand flogen als verwischte grüne Schemen vorbei. Dianas Wagen folgte anderen Autos mit unvorstellbarer Geschwindigkeit, überholte sie oder wich ihnen aus, ohne je gegen ein Hindernis zu prallen oder die Straße zu verlassen. Zuerst bedeckte ich meine Augen und wartete auf den unausweichlichen Zusammenstoß, doch der Wagen fuhr stetig weiter. Nach einer Weile fing ich an, Dianas Kontrolle über ihr unmögliches Fahrzeug zu vertrauen und öffnete die Augen für die fremdartige Welt um mich herum.

Als wir zur Stadt kamen, staunte ich über die vielen Formen und leuchtenden Farben auf den Gebäuden und anderen Bauwerken. Am Straßenrand waren gigantische Bilder aufgestellt, um die Reisenden zu erfreuen. Manchmal zeigten diese in allen Farben des Regenbogens gemalten Bilder Menschen, die um ein vielfaches größer waren als im wirklichen Leben, andere Male seltsame Muster in Schwarz, Schneeweiß, Blutrot und Schmetterlingsgelb, die heller leuchteten als die schönsten Blumen.

Zuerst hielt ich die Häuser für Paläste oder Tempel, so herrlich und bunt waren sie. Manche waren so hoch wie große Bäume. Andere duckten sich dicht an die Erde und hatten fast so viele Räume wie ein kleines Dorf. In meiner Naivität stellte ich mir vor, daß an solchen Orten ganze Stämme zusammenleben müßten. Vielleicht war die ganze Stadt eine phantastische Nekropolis voller Mausoleen, Kultstätten und heiliger Dienerinnen, die den Ahninnen huldigten, denn auf den ersten Blick schien es keine lebende Stadt zu sein. Es gab kaum Menschen zwischen den herrlichen Bauten. Ich sah weder Kinder noch Ziegen, Hunde, Hühner, Vieh, Schweine, Tauben oder Pferde; keinerlei Anzeichen für Menschen bei der Arbeit, niemanden, der webte, das Getreide drosch, Boote baute, Werkzeug schliff oder Gemüsegärten anlegte; keine Felder mit wogendem Getreide, keine Herdfeuer, niemanden, der irgendwelche Lasten schleppte. Es gab einfach keine Spur von täglichem Leben, so wie ich und mein Volk es verstanden. Trotz der strahlenden Farben und erstaunlichen Formen wirkten die Häuser tot.

Im Zentrum der Stadt entdeckte ich noch größere Häuser und viele Menschen in herrlich bunten Kleidern, die in allen Himmelsrichtungen durcheinanderliefen. Bestimmt war es ein Festtag. Die Menschen hatten ihre feinsten Gewänder angelegt und versammelten sich, um die Göttin zu feiern. Doch wer kümmerte sich dann um die Herden und das Vieh, und wo waren diese?

Diana lenkte ihr Fahrzeug zu einem der stillen Häuser und hielt an. Die Wände dieses Hauses waren so weiß wie frisch gefallener Schnee, die Tür leuchtendrot wie helles Blut und das Dach war schwarz. Die Farben der Jungfrau, der Mutter und der Alten Frau. Diana mußte eine Priesterin sein. Dieser Eindruck verstärkte sich noch, als sich plötzlich ein riesiges Tor auftat, so groß, daß ein ganzer Wagen darin Platz hatte, um uns einzulassen. Diese Frau herrschte sogar über die Mauern!

Diana half mir aus dem Wagen und schleppte mich ins Innere des Hauses. Ich sah alles wie durch einen Schleier, doch ich konnte mein Staunen nicht verbergen, als ich die Zimmer erblickte, die heller und luftiger waren als alle anderen Räume, die ich gewohnt war. Die Fensterhöhlen waren mit einer dünnen, vollkommen durchsichtigen Substanz abgedichtet, die Wände glatt wie die Wasseroberfläche in einer Schale und in unterschiedlichen Farben bemalt. Überall, sogar auf dem Boden, entdeckte ich herrliche Gewebe, die ungeheuer kostbar sein mußten.

Diana legte mich auf ein Bett, so weich wie zarter Gänseflaum. Sie bedeckte mich mit einem großen Fell, das sich anfühlte wie Pelz, und doch keiner war. Dann hob sie einen kleinen violettfarbenen Gegenstand von der Kiste neben dem Bett, hielt ihn an den Kopf und sprach mit ihm, als sei er lebendig. Ich strengte mich an, zu verstehen, was sie sagte, obgleich ich kaum bei Bewußtsein war.

«Ach komm, Jeff, du schuldest mir noch einen Gefallen», sagte sie. «Du weißt, ich würde nicht drauf bestehen, wenn es nicht ein Notfall wäre. Offensichtlich ist sie in Ohnmacht gefallen. Nein, es muß hier sein. Ich habe meine Gründe.» Sie machte eine Pause und sagte dann: «Danke, Jeff. Dann erwarte ich dich.»

Übermannt von der körperlichen und geistigen Anstrengung überließ ich mich der weichen Verlockung des Bettes und schlief ein. Irgendwann erwachte ich abrupt von einem heftigen Schmerz. Die Decke war zurückgeschlagen. Ein junger Mann stand über mich gebeugt und untersuchte die Wunde.

Mein erster Gedanke war, daß Diana mich nun doch noch verraten und der Gewalt der feindseligen Männer übergeben hatte. Ich fuhr auf und versuchte mich zu befreien. Diana und der Mann drückten meine Schultern in die Kissen und sprachen beruhigend auf mich ein.

«Hab keine Angst, Ann. Er ist da, um dir zu helfen. Er ist Arzt. Es ist Jeff, mein Neffe. Bitte lieg still.» Meine Wunde hatte wieder angefangen zu bluten, und ich fühlte mich schwächer als je zuvor. Ich sank aufs Bett zurück. Diana streichelte mich und strich mir das Haar aus der Stirn, wobei sie leise vor sich hinmurmelte. Trotzdem hörte ich nicht auf, den Mann anzusehen, als wäre ich ein in die Falle getapptes Tier und er der Jäger.

Ich verstand nicht, was Diana mit Arzt gemeint hatte. Das Bild in ihrem Kopf schien Heilerin zu bedeuten. Doch wie konnte ein Mann eine Heilerin sein? Männer verfügen nicht über die Magie des Lebens. Und doch waren seine Hände fast so sanft wie die einer Frau. Er schien zu wissen, was er tat.

Ich sah, daß die Haut um das Loch herum rot und geschwollen war. Daher wußte ich, daß sie sich bereits entzündet hatte und das Säubern der Wunde schmerzen würde. Wie Tante Leukippe es mich gelehrt hatte, wenn sie nach einer Schlacht meine Wunden versorgte, konzentrierte ich mich ganz darauf, den Schmerz zu ertragen.

Doch der Mann fing gar nicht an, die Wunde zu säubern. Statt dessen nahm er ein dünnes silbernes Gefäß aus einer Ledertasche. Er füllte es mit einem klarem Wasser und stach mir mit dem winzigen Zahn des Gefäßes mehrmals ins Bein. Dieser war so dünn wie ein seidener Faden. Nach kurzer Zeit war der Schmerz verschwunden, als hätte es ihn nie gegeben. Mein Bein verlor jegliches Gefühl, als gehörte es jemandem anderem und nicht mir. Der Heiler säuberte, nähte und verband die Wunde vor meinen Augen, ohne mir auch nur den geringsten Schmerz zuzufügen. Ein Wunder! Von einem solchen Heilzauber hätte mein Volk nicht mal zu träumen gewagt!

Während er arbeitete, unterhielt Jeff sich mit Diana. Er kritisierte Tante Leukippes Heiltechnik. «Wo kann sie sich bloß solche Narben geholt haben, Tante Di?» fragte er. «Sieh dir das an, oder das hier. Scheint, als hätte sich jemand mit Metzgerzwirn daran versucht. Aber im übrigen ist sie topfit; ihre Muskeln sind hart wie Stahl. Wer ist sie – dein privates Wolfskind aus den Wäldern des Nordens?»

Diana lächelte nur und zog die Schultern hoch.

«Ja, ich weiß schon», fuhr er fort. «Du witterst eine Story, stimmt's? Nun, dann sag ich dir was, worüber du dir Gedanken machen solltest. Das ist eine Schußwunde, die ich melden muß.»

«Tu das nicht, Jeff. Laß sie in Ruhe. Um meinetwillen.»

«Ich könnte Ärger bekommen.»

«Ich werde es nie erzählen. Und sie kann es nicht.»

«Willst du sie bei dir aufnehmen wie eine streunende Katze? Sie muß doch irgendwo ein Zuhause haben. Eine Familie. Leute, die nach ihr suchen. Du solltest zumindest rausfinden, welche Sprache sie spricht.»

«Das werde ich», antwortete Diana, «sobald es ihr besser geht. Im Moment habe ich die Verantwortung für sie, und du bist ihr Arzt. Konzentrier dich darauf, sie wieder zusammenzuflicken. Später kümmern wir uns um alles weitere.»

Plötzlich standen mir Tränen in den Augen. Ich verstand Jeffs Bilder von Zuhause und Familie, die universellen Symbole für Geborgenheit. Würde ich mein Zuhause und meine Familie je wiedersehen? Hier war ich am seltsamsten Ort, den man sich vorstellen konnte, der Gnade von Fremden ausgeliefert, die meine Worte nicht verstanden, in einem so vollkommen unbegreiflichen Land, daß ich seine bösen Zauber nicht von den guten unterscheiden konnte. Ich wußte nicht einmal, in welche Richtung ich mich wenden müßte, wenn ich nach Hause zurückkehren wollte. Ich bedeckte mein Gesicht mit den Händen und weinte.

«Hat sie Schmerzen?» fragte Diana.

«Noch nicht», sagte Jeff. «Ich gebe ihr ein Beruhigungsmittel. Sorge dafür, daß sie alle vier Stunden dieses Antibiotikum nimmt, wenn sie wach ist. Ich komme morgen wieder vorbei, um nach ihr zu sehen.»

«Ich danke dir, Jeff.»

«Für meine Lieblingstante tue ich alles.» Er beugte sich vor und küßte Diana auf die Wange. Bevor er ging, stach er mich noch einmal mit seinem kleinen Gefäß ins Hinterteil. Dann schloß er seine Ledertasche und verabschiedete sich. Ich glaubte, daß ich innerlich zu aufgewühlt und durcheinander sein würde, um schlafen zu können, doch das war ein Irrtum. Trotz meiner Verzweiflung versank ich kurz darauf in traumlose Finsternis.

KAPITEL 4

Wochen vergingen, bevor meine Wunde geheilt war. Ich lebte bei Diana und fing an, ihre Sprache zu lernen, indem ich mich eifriger als je zuvor in den denksensitiven Zustand versetzte. Langsam aber sicher lernte ich auch, in diesem Haus voller Wunder zu leben und mich darin zu bewegen. In meinen kühnsten Träumen hätte ich mir eine solch wunderbare Welt nicht vorstellen können.

Zuerst glaubte ich, Diana müßte die größte Priesterin in ihrem Land sein. Sie besaß so viele magische Dinge, daß nicht einmal die Königinnen von Skythien sich mit ihr hätten messen können. Und die Lieblingsorakel der Mutter hatten mit keinem Wort erwähnt, daß solche Dinge möglich waren. Dennoch herrschte Diana wie die höchste aller Hohepriesterinnen über diese herrlichen Dinge und schien sie ganz selbstverständlich zu finden.

Da waren Lampen, die ihr strahlendes Licht gleichmäßig verteilten, zu jeder Tages- und Nachtzeit und so lange man wollte. Sie schalteten sich bei bloßer Berührung ein oder aus. Es war nicht notwendig, Öl für sie zu besorgen oder ein Feuer für ihre Dochte in Gang zu halten. Ihr Licht war ohnehin kein Feuer, sondern etwas, das mich an den Glanz kleiner Sonnen erinnerte.

Es gab Stellen, aus denen beim Drehen eines Griffes verborgenes Wasser sprudelte. Dieses stand einem nicht nur kalt sondern auch heiß zur Verfügung, wann immer man wollte. Man brauchte weder Kochsteine zu erhitzen, noch Feuer zu schüren. Diana machte nie Feuer, nicht einmal, um zu kochen. Sie kochte ihr Essen mit einem Zauberkasten, der sich innen und auf der Oberfläche sehr stark erhitzen ließ. Ich habe ihn einmal berührt und mir den Finger verbrannt, obwohl nirgends Flammen zu sehen waren.

Ein anderer Zauberkasten blieb immer kalt, um das Essen frisch zu halten. Es war seltsames Essen, wie ich es noch nie zuvor gesehen hatte. Es gab unendlich viele verschiedene Fleisch-, Käse- und Getreidesorten. Diana aß jeden Tag Fleisch, als sei jeder Tag des Jahres ein Festtag.

Ich sah Diana niemals jagen, fischen oder die Früchte des Feldes ernten. Das Essen stammte aus Kartons, die sie im Auto nach Hause transportierte.

Das Haus enthielt alles, was zum Leben notwendig war, selbst Latrinen. Sie bestanden aus blitzsauberen, geruchlosen Stühlen, innen ausgehöhlt und mit klarem Wasser gefüllt, das nach jeder Entleerung ausgewechselt wurde. Selbst dieses Wasser hätte man trinken können. Zum Baden gab es zwar keinen Fluß in der Nähe, dafür konnte man in einem Becken stehen und das Wasser aus einer sogenannten Dusche auf sich herabströmen lassen. Eine andere Möglichkeit bestand darin, das Becken mit erhitztem Wasser zu füllen und sich hineinzulegen. Baden konnte man jeden Tag.

Diana hielt sich selbst und alles, was sie im Haus hatte, peinlich sauber. Es gab keine Insekten im Inneren der Zimmer. Weder Regen noch Schlamm konnte eindringen. Die harten durchsichtigen Wände in den Fenstern, die sie Glas nannte, ließen Licht herein, doch keinen Tropfen Regen. Diese Glaswände konnte man auf- und zumachen. Und selbst, wenn sie offenstanden, kamen keine fliegenden Insekten herein, denn sämtliche Öffnungen waren von Gittern aus dichtgewebten Metallfäden geschützt.

Es gab noch viele andere Zauberkästen im Haus. Manche, die Radios hießen, enthielten Musik und menschliche Stimmen. Diese Geräusche waren immer da, zu jeder Tages- und Nachtzeit – man konnte sie hören, sobald man auf einen Knopf drückte. Andere Kästen enthielten Musik, Stimmen und Bilder, die so lebendig waren, daß sie den Eindruck erweckten, sie seien mit einer unendlichen, ständig wechselnden Zahl von winzigen Menschlein und Szenen angefüllt. Diana nannte sie Fernseher, TV, die Glotze oder den Kasten. Ich entdeckte bald, daß es mir nicht gelang, beim Fernsehen die Sprache zu lernen. Mein Sprachtalent reichte nicht aus für Menschen in Kästen, es sei denn, ich wußte schon vorher, was sie sagten. Die Bedeutung der Gedanken wurde mir nur dann verständlich, wenn die Sprechenden anwesend waren.

Je mehr ich mir von ihrer Sprache aneignete, um so verblüffter war Diana. Mutter Mnemosyne hatte mich schon immer besonders ausgezeichnet. Hatte ich einmal ein Wort gehört, so vergaß ich es nur selten wieder. Diana fand das erstaunlich. »Stell dir vor, am Anfang hielt ich dich für schwachsinnig«, sagte sie. «Ann, du bist ein echtes Genie. Was hast du bloß für ein Gedächtnis?«

Dann lächelte ich und zuckte die Achseln. Doch insgeheim freute ich mich über ihr Lob. Ich wollte nur nicht zugeben, daß dieser Schwall von neuen Worten und die unzähligen fremdartigen Erfahrungen und Begriffe, die über mich hereingebrochen waren, meine Fähigkeit, sie zu verarbeiten, bis zur Zerreißgrenze strapazierten. Nachts lag ich stundenlang wach und ging immer wieder die Liste mit neuen Worten durch, wie eine Priesterin, die die mündlichen Überlieferungen auswendig lernt. Manchmal fragte ich mich, ob ich mein Talent, Dinge zu behalten, vielleicht absichtlich für diese Art des Lernens erhalten hatte.

Das Schwierigste waren die Pronomen. Ich nannte mich selbst du und Diana ich, so wie sie, bis sie mich korrigierte. Zuerst begriff ich den Unterschied gar nicht. In meiner Sprache wurden alle Mitglieder desselben Clans mit demselben Wort bezeichnet, und das wiederum richtete sich nach ihrem gemeinsamen Mutter-Blut. Diana hatte männliche Pronomen und weibliche Pronomen. In dieser Welt gab es keine androgynen Wesen. Wenn das Geschlecht eines Individuums zweifelhaft oder nicht zu ermitteln war, wie bei einem Tier oder Menschen im allgemeinen, wurde es immer irgendwie zu er, anders als in meiner Sprache, wo man automatisch sie gesagt hätte. Schwierig war auch der Unterschied zwischen wir und sie. Diese Sprache stellte deutlich mehr Barrieren und Unterschiede zwischen Mitgliedern derselben Rasse auf, als ich gewohnt war.

Während ich lernte, versuchte Diana weiter herauszubekommen, woher ich gekommen und wie ich verletzt an die Stelle neben der Straße gelangt war, wo sie mich gefunden hatte. Sie glaubte, daß ich an einer Krankheit des Vergessens litt, die sie Amnesie nannte. Ich versuchte ihre Neugier zu befriedigen. Indem ich Zeichensprache mit meinem noch sehr dürftigen Wortschatz kombinierte, erzählte ich ihr die Geschichte von den Männern, die mich bedroht und dann auf mich geschossen hatten, als ich mich gegen sie zur Wehr setzte. »Bastarde«, sagte Diana. Das Wort verwirrte mich, denn es schien eine Beleidigung zu sein, dabei bedeutete es doch eigentlich ein elternloses Kind.

«Bastarde – welche Bedeutung?» fragte ich.

«Es ist ein Schimpfwort, so was ähnliches wie ein Fluch, für jemanden, der außerhalb der Ehe zur Welt kam – jemand, dessen Eltern bei seiner Geburt nicht verheiratet waren.»

«Verheiratet?» Das Bild in ihrem Kopf hatte Ähnlichkeit mit einer Sitte der Griechen, deren Götter es ihnen gestatteten, Frauen zu versklaven und sie in Häusern einzusperren, die Männern gehörten. »Bastarde fliehen von Ehe?«

Sie lachte. «Gewissermaßen, ja. Wir bezeichnen jemanden als ehelich, wenn seine Eltern vor dem Gesetz miteinander verheiratet waren, und als unehelich oder Bastard, wenn nicht. Es gilt als Makel, unehelich zur Welt zu kommen.»

«Woher weißt du, Mutter-Vater dieser Männer nicht verheiratet?»

«Ich weiß es nicht. Es ist nur ein gewöhnliches Schimpfwort für jemand, der sich schlecht benimmt.»

«Warum schlecht, von Ehe zu fliehen?»

Sie lächelte ein wenig wehmütig. «Vermutlich ist es nicht schlecht, wenn du es so ausdrückst. Ich bin selbst erst vor drei Jahren aus einer schlechten Ehe geflüchtet – kommt mir vor wie eine Ewigkeit. Aber das heißt Scheidung und ist was ganz anderes. Hat nichts mit dem

Zustand der Unehelichkeit zu tun. Das Problem dabei ist, daß ein Bastard keinen rechtlichen Anspruch auf Erbschaft oder irgendwelches Eigentum seines Vaters anmelden kann.»

«Männer besitzen Eigentum?»

«Normalerweise besitzen Männer mehr als Frauen, oder aber sie haben mehr Geld, um Eigentum zu erwerben. Das ist eine patriarchalische Gesellschaft, Ann. Sie wird zum größten Teil von Männern beherrscht.»

Hinter diesen Worten sah ich in ihrem Kopf das Bild ganzer Nationen, die sich auf Kosten der Frauen der Glorifizierung des Männlichen verschrieben hatten, Mütter und die weibliche Schöpferkraft unterjochten und männliche Eifersucht und Gewalt über jedes vernünftige Maß hinaus kultivieren. Dianas Volk schien noch schlimmer zu sein als die Griechen.

Diana korrigierte auch den Eindruck, daß die vier Männer, die ich getroffen hatte, Landesfeinde waren. Sie sagte, es seien Mitglieder ihrer eigenen Nation. Viele Männer in ihrem Volk griffen Frauen an oder vergewaltigten sie, wann immer sie konnten. Sie erklärte, daß Frauen vor Männern stets auf der Hut sein mußten.

«Warum Frauen dann ohne Waffen?» fragte ich und schwang mein Schwert.

«Das würde nicht viel ändern», sagte sie traurig. «Die Männer können sich dieselben Waffen besorgen und meistens auch besser damit umgehen.»

«Tja. Männer feige», sagte ich und erinnerte mich daran, wie sie vor mir weggelaufen waren.

«Nicht alle», antwortete Diana. «Und es sind auch nicht alle grausam oder schlecht. Nur manche.»

«Schon ein einziger ist zuviel», sagte ich. «In meiner Heimat wir töten Vergewaltiger.»

«Ich wünschte, ich könnte deine Heimat finden, Ann», seufzte sie. «Wo kann sie nur sein?»

Manchmal setzte sie mich vor eine bunte Kugel und sagte, diese repräsentiere unsere Mutter Erde. Sie bat mich, ihr mein Land zu zeigen. Das war eines ihrer Hirngespinste. Als könnte eine bemalte Kugel für die Mutter, die Felsen, die Erde, die Grotten und Abgründe, den Meeresboden oder die Schoßhöhle von Themiskyra stehen! Doch ich lachte und drehte die Kugel, um zu zeigen, daß ich ihren Witz verstanden hatte. Dann brachte sie mir farbige Landkarten in Büchern, die aus einem dünnen, trockenen Material namens Papier bestanden. Diese sollten die Oberfläche der Erde zeigen, aber sie hatten lauter verrückte Farben, wie sie in einer richtigen Landschaft nie vorkommen. Diana machte öfter solche Späße. Anscheinend hoffte sie, auf diese Weise herauszubekommen, wo meine Heimat lag.

Ich erzählte ihr von Zuhause, so gut es mit meinem beschränkten Vokabular ging. Sie sagte, sie hätte noch nie von einem solchen Ort gehört. Sie verstand weder den Mutterclan noch die Schwesternschaft. Sie hatte nicht einmal von der Großen Göttin eine Vorstellung.

«Mutter aller Mütter», erklärte ich und breitete die Arme aus, wie um das ganze Universum einzuschließen. «Schöpferin der Welt. Himmel, Luft, Wasser, Erde, Feuer, Sterne, Mond. Tiere. Menschen. Alles.»

«Du meinst wohl Gott», antwortete Diana. In ihrem Kopf sah ich das Bild einer männlichen Gottheit. Ich schüttelte heftig den Kopf; dies, so hatte ich gelernt, war eine Möglichkeit, zu widersprechen.

«Kein Gott», sagte ich. «Gott kleiner, ja? Mutter – äh, Freundin, Hilfe, auch Kind. Gott kein Lebensspender. Mann keine Macht.»

«Nun, die Menschen behaupten ja auch nicht, daß

Gott die Welt geboren hat. Sie sagen, daß Gott die Welt geschaffen habe.«

«Pah! Macht von Männer. Machen Dinge, machen Zauber, aber kein Leben. Nur die Mutter kann Leben schenken.»

«Da hast du recht», stimmte Diana zu. «Aber von Theologie verstehe ich nicht viel. Darüber solltest du mit jemandem sprechen, der sich besser damit auskennt.»

Ich entnahm dem, daß sie ihren männlichen Gott nicht allzu ernst nahm, aber keine Alternativen hatte. Die Frauen in ihrer Welt waren spirituell verarmt, denn sie wußten fast überhaupt nichts von ihrer eigenen Göttin. Ich fragte mich, wie es so weit hatte kommen können, doch im Moment gab es andere Dinge, die meine Aufmerksamkeit beanspruchten.

Jeder Moment, den ich mit Diana verbrachte, schenkte mir neues Wissen. Ich humpelte durchs Haus und half ihr beim Kochen und Saubermachen, während wir pausenlos redeten und gestikulierten. Nach Einbruch der Dunkelheit, wenn die Leute mich nicht sehen konnten, gingen wir nach draußen. Ich lernte eine Menge über die Bäume und Blumen in ihrem Garten und die Insekten. Ich war erleichtert, endlich wieder die Finger in bloße Erde stecken zu können, die Steine zu berühren, die als Knochen der Mutter galten, und die spärlichen Sterne zu betrachten, die dieser seltsam fahle Himmel zu bieten hatte.

Manchmal ließ Diana mich allein und verbrachte viele Stunden fern von zu Hause «bei der Arbeit», wie sie es nannte. Andere Male schloß sie sich in ihr «Arbeitszimmer» ein und beschäftigte sich mit einem wundervollen Apparat, der Worte produzierte und Schreibmaschine hieß. Diese Maschine setzte die Buchstaben des Alphabets auf Papier, das genauso war wie die Seiten in

Dianas Büchern. Die Buchstaben zeigten den Augen Wörter. Vor langer Zeit hatte ich von heiligen Schreibern in den Tempeln von Themiskyra und anderswo gehört, die einen ähnlichen Zauber über Buchstaben beherrschten. Ich fand es ungeheuer schwer, diese Fähigkeit zu erlernen. Ich glaubte, daß Diana eine Heilige sein müsse, wenn sie eine solche Fähigkeit besaß, doch sie antwortete mir, daß es in ihrer Welt nicht ungewöhnlich war, lesen und schreiben zu können. Sie sagte, fast jeder könne lernen, Wörter zu lesen und mit der Zeit würde sie es auch mir beibringen. Mittlerweile hatte sie ein fast grenzenloses Vertrauen in meine Lernfähigkeit entwickelt.

Häufig bat sie mich, die Dinge in meiner eigenen Sprache zu benennen. Sie zeigte auf dies oder das und dann auf mich. Ich sagte das Wort, manchmal zwei- oder dreimal, und dann schrieb sie es auf. Es gab viele Gegenstände, für die ich kein Wort hatte, da sie in meinem Mutterland nicht existierten. Wenn sie nach einem solchen Wort fragte, legte ich einfach den Finger auf die Lippen und schüttelte den Kopf.

Eines Tages kam Diana mit einem kleinen Kasten an und forderte mich auf, in meiner Sprache hineinzusprechen. Dann drückte sie auf ein paar Tasten, und plötzlich hörte ich meine eigene Stimme, die aus dem Kasten sprach. Ich war schrecklich verstört, denn natürlich hielt ich das Ding für einen Seelenfänger. »Antiope nicht im Kasten!« sagte ich böse und wollte danach greifen.

Diana nahm meine Hände und beruhigte mich. »Es ist schon gut«, sagte sie. »Ich werde versuchen, damit deine Heimat zu finden. Ich bringe ihn zu Leuten, die viele Sprachen kennen. Sie werden zuhören und vielleicht herausfinden, was deine Sprache ist.«

«Diese Leute machen keinen Zauber mit meine Stimme?» fragte ich mißtrauisch.

«Nein, Ann. Keinen Zauber. Vertrau mir.»

Ich vertraute ihr. Allmählich wurden wir gute Freundinnen, fast so was wie Schwestern. Diana sagte, daß sie gelegentlich ihre Arbeit vernachlässige, weil die Aufgabe, mir etwas beizubringen, so faszinierend sei. Die Lücken in meinem Wissen seien äußerst mysteriös. Es käme ihr vor, als sei ich buchstäblich erst gestern zur Welt gekommen, obgleich ich voll entwickelt war. Gleichzeitig fielen mir viele Lücken in ihrem Wissen über die elementarsten Dinge auf. Ich nahm mir vor, mich eines Tages für ihre Freundlichkeit zu revanchieren, indem ich ihr auch etwas beibrachte.

Schließlich stellte sich heraus, daß meine Muttersprache völlig unbekannt war. Diana sagte, ein gelehrter Mann habe meiner Stimme im Kasten gelauscht und die Sprache vorsichtig als sehr altes oder sehr seltenes Griechisch identifiziert, was immer das hieß. Er war ganz und gar nicht sicher, was es sein könnte, nur, daß es keine lebende Sprache war. Keiner hatte sie je zuvor gehört. Ich fühlte mich sehr einsam, als ich das hörte. Mein Land war so weit entfernt, daß niemand auch nur annähernd wußte, wo es sein könnte.

Ich litt unter dieser Einsamkeit, was ich aber vor Diana verbarg. Ich wollte nicht undankbar erscheinen. Dennoch war es ein trauriges Leben. Diana schlief allein in ihrem Bett, und ich schlief in ihrem «Gästezimmer», entweder im Bett oder auf dem Boden, was ich gelegentlich vorzog. Sie schien die tröstliche Wärme eines anderen Körpers nicht zu vermissen, obgleich ihr Bett groß genug war, um drei oder vier Schläfer aufzunehmen. Sie lebte ganz allein in ihrem riesigen, magischen Haus, in dem mit Leichtigkeit zwei große Clans hätten unterkommen können.

Ich fand diese selbstauferlegte Einsamkeit im täglichen Leben unbegreiflich. Es lag nicht daran, daß ich nicht fähig war, allein zu leben. Zu Hause hatte ich mich mehrmals allein in die Berge zurückgezogen, um zu fasten, zu meditieren und um Abgesandte der Mutter einzuladen, mit mir zu kommunizieren. Ich war es gewohnt, wochenlang allein zu bleiben, ohne ein anderes menschliches Wesen zu sehen. Doch danach hatte ich stets die Möglichkeit, in die Wärme meines Mutterhauses zurückzukehren, zu meinen Schwestern und den Kindern: ihren streichelnden Händen, der Wärme ihrer Haut, dem Duft ihrer Körper und ihrer beruhigenden Gegenwart.

Diana schien das Alleinsein als grundlegende Lebensweise zu akzeptieren. Ich glaubte, das könnte etwas mit dem Mangel an mütterlicher Spiritualität in ihrer Welt zu tun haben, doch ich wußte nicht, wie ich davon sprechen sollte. Es war schwer für mich, so unberührt zu leben, aber ich versuchte, mich daran zu gewöhnen, ausgehend von der These, daß die Mutter mir dies wohl bestimmt hatte.

So weit ich sah, führte Diana ein keusches Leben. Sie schlief immer allein, ohne je einen Mann in ihr Bett einzuladen. Daher nahm ich an, daß sie Frauen bevorzugte. Als Ausdruck meiner Dankbarkeit und Zuneigung zu ihr bot ich ihr daher mich selbst an. Eines Abends, als sie sich früh zurückgezogen hatte, humpelte ich nackt in ihr Zimmer. Sie lag im Bett, die breiten Glasaugen auf der Nase, und las in einem Buch mit gedruckten Buchstaben.

Ich setzte mich auf die Bettkante und fing an, einladend ihren Körper zu streicheln, so wie es einige meiner Schwestern mir vor langer Zeit beigebracht hatten. Zu meiner Überraschung fuhr sie mit einem Ausdruck des Entsetzens zurück und rief: »Ann, was machst du?«

«Ich werde dich lieben», sagte ich. «Ich sehe, du bist einsam. Du hast keine Männer, aber manchmal sind Frauen besser. Ich weiß, wie man Lust schenkt, egal, ob Mann oder Frau.»

«Nein!» rief sie aus und verblüffte mich damit so sehr, daß ich mich verwirrt und ein wenig gekränkt zurückzog.

«Ich will dich nicht verletzen, Ann», sagte sie in einem freundlicheren Ton. «Aber ich bin nicht so. Ich meine, ich schlafe nicht mit Frauen.»

Ich konnte es nicht glauben. »Nie im Leben?« fragte ich. »Nicht mal als junges Mädchen?«

«Nein, nie», antwortete sie. «Wir – mein Volk – glaubt daran, sich auf ein Geschlecht zu beschränken. Und viele von uns glauben sogar, daß es widernatürlich ist, mit Vertretern des eigenen Geschlechts zu schlafen.»

«Ist sehr natürlich», protestierte ich. «Selbst für Tiere, alle Kinder, auch Erwachsene manchmal. Liebe schenkt unterschiedliche Gefühle für unterschiedliche Geschlechter, aber ist trotzdem dasselbe Geschenk der Mutter für alle. Wie kann man ablehnen eine Hälfte des mütterlichen Geschenkes?»

Diana schüttelte den Kopf. «Ich weiß nichts über die Gewohnheiten deiner Mutter, mein Liebes. Vielleicht hast du recht, aber du siehst ja, ich kann es nicht. Ich bin zu alt, um meine sexuellen Neigungen umzustellen.»

«Ich kann dir zeigen», sagte ich. «In meiner Heimat weise Frauen lehren junge Mädchen. Fühlt sich sehr gut an.»

«Es würde nicht klappen», seufzte Diana. «Ich kann

mich einer Frau gegenüber nicht so öffnen. Ich hatte immer nur Männer. Daran bin ich gewohnt.«

»Aber jetzt du hast keine Männer. Männer kommen nicht her. Wo sind deine Männer?«

»Im Moment gibt es keine«, räumte sie ein. »Seit meiner Scheidung lebe ich abstinent. Männer interessieren sich nicht für grauhaarige alte Frauen wie mich.«

»Eure Männer sind dumm«, sagte ich. »Alte Frauen besser, mehr Erfahrung.«

»Vielleicht. Aber so denken wir in diesem Land nicht. Außerdem will ich sowieso keinen Mann. In meinem Alter beachtet man derartige Regungen nicht mehr. Außerdem habe ich viel zu viel zu tun, um mich zu verlieben.«

Wenn ich während dieser Erklärungen und auch bei späteren Unterhaltungen einen Blick auf ihre Gedanken warf, entdeckte ich dort eine erstaunliche Wolke von Verwirrung und sogar Unkenntnis über Sexualität im allgemeinen. Nicht nur war sie sich nicht über die gleichgeschlechtlichen Dimensionen der Frauen bewußt, sondern auch ihre Erfahrungen mit Männern waren äußerst dürftig. Abgesehen von ihrem früheren Mann hatte sie nur ganz wenige gehabt, und solange sie mit ihm verheiratet war, auch keinen anderen Liebhaber. Das hielt ihre Gesellschaft für normal! Anscheinend war es für Dianas Leute Norm, so wenig Sexualität wie möglich zu haben. Umgekehrt akzeptierten sie häufig ohne großen Widerstand etwas, das mir als abscheuliche Perversion erschien, nämlich das Verbrechen der Vergewaltigung, das bei uns so gut wie undenkbar war, abgesehen von dem, was wir von den grausamen Gewohnheiten der Griechen wußten.

Dianas Volk sah eine brutale Vergewaltigung als Verbrechen an, ja, doch laut Diana kamen die Verbrecher häufig mit einer Mindeststrafe davon, selbst wenn ihre Opfer Verletzungen davontrugen. Vergewaltigung ohne körperliche Verletzung – das heißt, sexueller Kontakt ohne die Einwilligung der Frau – konnte sogar ganz straflos bleiben.

Darüber war ich besonders wütend, denn ich erinnerte mich noch gut an die grausamen, hirnlosen Männer, die mich verwundet hatten, obgleich es keinen Krieg zwischen uns gab. Ich erzählte Diana von der Strafe, die die Mutter für einen Mann festgesetzt hatte, der einer Frau Gewalt antat. Man sollte ihm die Genitalien entfernen, vorzugsweise durch die Hand seines Opfers. Danach sollte man ihn alleinlassen, um sein Blut zu verströmen, das als Symbol für das Geschenk des Lebens durch die Mutter galt. Denn damit, daß er einer Frau etwas antat, hatte er seine Mutter entehrt und verdiente dieses Geschenk nicht mehr. Wenn er überlebte, galt er als Ausgestoßener aus dem Mutterclan, als landloser, heimatloser Handlanger für jeden, der sich seiner erbarmte und ihm etwas zu essen gab. Solange wir zurückdenken konnten, hatte in meinem Stamm kein Mann je die Sünde begangen, die eine solche Sühne erforderte. Diana lächelte und meinte, die Strafe der Mutter könnte möglicherweise das einzige wirklich abschreckende Mittel sein.

Als ich Dianas Sprache lernte und anfing, die Worte aus dem Fernseher zu verstehen, sah ich mich mit einer täglichen Flut von Bildern aus einer höchst bizarren Kultur konfrontiert. Häufig waren es Bilder von Männern, die anderen Männern und auch Frauen ohne ersichtlichen Grund Schaden zufügten. Diana sagte, die Leute im Kasten spielten nur, ohne sich wirklich Gewalt anzutun. Und manchmal konnte ich tatsächlich erkennen, daß sie zuschlugen, ohne zu treffen. Die meiste

Zeit aber wirkten ihre Kämpfe ziemlich echt. Im übrigen gab Diana zu, daß eine große Zahl von Leuten an diese irrationale Feindseligkeit glaubte und sogar ihr eigenes Leben danach ausrichtete, obwohl die Gewalt im Fernsehen nur vorgetäuscht war.

Umgekehrt zeigte der Kasten so gut wie keine Menschen, die sich umeinander kümmerten. Es wurde nie gezeigt, wie man sich streichelt oder massiert oder gar richtigen Sex macht, höchstens junge Männer und Frauen, die sich gegenseitig verschlangen. Es gab kein Programm, das Müttern zeigte, wie man Babys massiert, stillt oder anderen Frauen bei der Geburt behilflich ist. Alte weise Frauen existierten nicht in diesem Kasten. Gelegentlich tauchten ein paar ältere Frauen auf, die verspottet oder als böse Hexen dargestellt wurden. Ihre Gesichter waren mit denselben bunten Farben bemalt wie die der jüngeren Frauen. Sie wirkten seltsam unecht.

Es war wirklich eine sonderbare Gesellschaft. Die Häuser verfügten über den größten Luxus, und dennoch lebte jedermann in Angst und spiritueller Unausgeglichenheit. Die Menschen fürchteten sich vor menschlicher Nähe, fürchteten sich vor ihrer sexuellen Natur, fürchteten sich sogar vor ihren Mitmenschen. Dieser erste Eindruck sollte sich mit der Zeit noch verstärken, je mehr ich über die unglaubliche Welt erfuhr, für die mich die Mutter ausersehen hatte.

Da ich niemanden hatte, mit dem ich meinen sexuellen Trieben nachgehen konnte, folgte ich dem Vorbild meiner Clanschwestern und befriedigte mich mit meinem Omphalos – der kleinen Säule der Göttin am Tempeltor zu meinem Körper, wo Frauen die himmlische Wonne der Mutter am intensivsten spüren. So auch eines Abends, als Diana und ich friedlich zusammen vor dem Fernseher saßen. Sie warf mir einen seltsamen Blick zu, als ich meine Lenden entblößte und anfing, die heilige Stelle zu berühren. Ich konzentrierte mich zwar ganz auf die Lust, doch entging es mir nebenbei nicht, daß sie unbehaglich hin und her rutschte, während ich mich dem Höhepunkt näherte. Als ich schließlich ein paarmal leise aufgeschrien und gestöhnt hatte, lächelte ich ihr selig zu, doch sie erwiderte das Lächeln nicht. Im Gegenteil, sie schien verstört.

«Ann», sagte sie. «In unserem Land masturbiert man nicht in Anwesenheit anderer Leute. Das gilt als unschicklich.»

«Verzeih!» rief ich aus. «Ich wollte nicht unschicklich sein. In meinem Land machen Frauen Selbstliebe oft in Anwesenheit von anderen Frauen, manchmal sogar von Männern.»

Da lächelte sie ein wenig. «Deine sexuellen Gewohnheiten unterscheiden sich radikal von denen, die mein Volk im allgemeinen gutheißt. Natürlich tut man so etwas. Man tut auf diese oder jene Weise alles mögliche. Der Unterschied ist nur, daß wir alle versuchen, es zu verbergen. Nur sehr wenige von uns sind so offen und frei, was ihre Sexualität angeht, wie du, Ann. Das ist eine der Seiten, die ich sehr seltsam und faszinierend an dir finde. Du scheinst die kulturelle Konditionierung, die jedes unserer Kinder durchmacht, sobald es entwöhnt ist, nie erfahren zu haben. Bei dir ist alles so natürlich wie bei einem Tier, das sich die Geschlechtsteile leckt. In gewisser Weise finde ich das sehr liebenswert, trotzdem würde ich dir raten, in Gegenwart anderer deine Genitalien nicht zu berühren. Man würde es einfach nicht verstehen.»

«Es tut mir leid», antwortete ich. «Eure Sitten sind sehr schwierig für mich, sie sind nicht natürlich, im Gegenteil, sie widersprechen dem Gebot der Mutter. Aber ich werde daran denken.« Ich bedeckte meine Blöße und wandte mich wieder dem Fernseher zu, der eine endlos langweilige Reihe von sehr schnell fahrenden Autos und aufeinander schießenden Männern zeigte. Wie komisch, dachte ich, daß Menschen sich daran freuen können, doch vor den schönsten Segnungen der Göttinnen zurückschrecken. Wie sollten sie hoffen, die göttliche Natur zu verstehen, wenn sie vorgaben, das bißchen, das sich in ihren eigenen Körpern regte, zu hassen?

Es war in der Tat eine unglückliche Welt. Ihre Menschen lebten im Paradies, doch sie behandelten sich selbst und ihresgleichen, als seien sie Verdammte des Hades.

KAPITEL 5

Bald darauf begann die Zeit, in der ich so was wie ein Schulmädchen wurde, wie diese Leute gesagt hätten. Ich mußte einige elementare Dinge lernen, die in ihrer Welt als ebenso selbstverständlich galten wie die magischen Fernsehbilder und die wunderbaren Autos und das heiße, saubere Wasser. Vor allem mußte ich ihre Schrift lernen.

Häufig sah ich im Fernsehkasten Buchstaben des Alphabets, die ich nicht lesen konnte. Ich bat Diana, mir die heiligen Kenntnisse der Schrift beizubringen, über die in meiner Heimat nur die oberste Hohepriesterin verfügte. Diana zeigte mir ihr Alphabet und sprach mir jeden Buchstaben vor. Im großen und ganzen war es ein einfaches System. Ich mußte die Symbole nur mit dem jeweiligen Klang zusammenbringen. Manchmal fragte ich mich, ob die Priesterin in Themiskyra wohl dasselbe Alphabet benutzt hatte.

Diana sagte, ich würde so schnell lernen, daß sie

mich allmählich für ein Genie hielte. Bald versuchte ich, einige Worte aus meiner Muttersprache aufzuschreiben, indem ich ihren Klang mit Dianas Buchstaben verband. Als Diana das sah, forderte sie mich auf, ihr ein paar Seiten meiner eigenen Sprache in phonetischer Umschrift und mit der entsprechenden Übersetzung anzufertigen. Diese Aufgabe erforderte mehrere Stunden Arbeit und half mir, die endlosen Tage der Passivität zu überbrücken.

Während mein Bein langsam heilte, blieb ich in Dianas Haus. Dort fühlte ich mich sicher. Die ungewohnte Umgebung draußen schüchterte mich ein: die toten Straßen, die lauten Fahrzeuge, die fremden Menschen, die vorbeigingen. Diana brachte mir ein paar wunderschöne Kleider mit, Hosen, Hemden, spezielle Unterkleider, sogar Schlafgewänder, die man Pyjama nannte. Alles war bunt, weich und glatt, anders als alles, das ich bisher getragen hatte. Außerdem schenkte Diana mir einen herrlich roten Kamm für mein wirres Haar, feine, schneeweiße Sandalen und einen Gürtel. Er war mit goldenen und silbernen Nägeln beschlagen, die glänzten wie Sterne. Dies bewegte mich schließlich sogar, meinen alten Schwertgurt abzulegen, doch behielt ich ihn stets neben meinem Bett. Ich verdankte Dianas Großzügigkeit so viele Schätze, daß ich mich ihr beinahe ebenso verpflichtet fühlte wie meiner leiblichen Mutter. Immerhin hatte auch sie mir das Leben geschenkt.

Zum Beispiel brachte sie mir eines Tages etwas mit, das die Frauen ihres Landes benutzten, um das Mondblut aufzufangen, obwohl sie als alte Frau ihr Blut im Körper behielt und keine Verwendung für diese Art von Dingen hatte. Es waren seltsam geformte, weiche Wattebäusche und saugfähige Pfropfen, die man in den inneren Tempel einführte. Ich lernte, daß die Frauen hier nicht in Menstruationshütten sitzen oder ihr Blut in die Mutter Erde zurückfließen lassen, um den universellen Geist des Lebens zu speisen und fragte mich, ob das der Grund war, warum das Land so tot wirkte. Denn daß Frauen es unterließen, den Mond zu ehren oder die für ihre Mondzeit erforderlichen Rituale zu vollziehen, erschien mir im höchsten Maße respektlos gegenüber der Göttin. Dianas Land war wirklich sehr unweiblich.

In dieser Zeit sah ich niemanden außer Dianas Schwesternsohn Jeff, den Heiler, der hin und wieder vorbeikam, um den Verband an meinem Bein zu wechseln. Diana bat mich, nicht allzuviel mit ihm zu reden. Sie hatte ihm erklärt, daß sie an einer «Story» über mich arbeitete, die aber noch nicht fertig sei. Sie versprach ihm weitere Enthüllungen. Ich wußte, daß er neugierig war, denn er fragte mich über meine Narben aus. Ich sagte, ich hätte an einigen Schlachten teilgenommen, ohne jedoch näher darauf einzugehen. Tief in meinem Unterbewußtsein lauerte noch immer die Befürchtung, daß einige unserer Todfeinde, die Griechen, sich irgendwo in diesem Land verborgen halten könnten.

Eines Tages, als Diana zur Arbeit gegangen war, kam Jeff früher als sonst, um mich zu untersuchen. Ich tapste in meinem neuen korallenroten Pyjama zur Tür, erkannte ihn durch das Guckloch und ließ ihn herein. «Wo ist Tante Di?», fragte er.

«Bei der Arbeit», antwortete ich, wie sie mir aufgetragen hatte. Ich löste den Bund des Pyjamas und ließ die Hose zu Boden fallen. Von der Taille abwärts nackt setzte ich mich in einen Sessel und legte das Bein auf einen niedrigen Schemel. Er stellte seine Tasche auf den Teppich und nahm einen frischen Verband heraus.

Schon den ganzen Morgen hatte ich mich sehr einsam gefühlt. Ich hatte Heimweh, war das ewige Nichtstun leid und obendrein sexuell unbefriedigt. Als ich Jeffs vorsichtige Hände bei der Arbeit beobachtete, kam ich auf die Idee, ihn als möglichen Liebhaber auszuprobieren. Als er fertig war, faßte ich ihn zwischen die Beine und streichelte sein Geschlecht, wie es bei Frauen meines Stammes Brauch ist, wenn sie einen Mann verführen wollen. Zu meiner Überraschung wurde nicht nur sein Penis, sondern sein ganzer Körper steif. Er wich vor mir zurück, genauso wie zuvor Diana. Oh Mutter, dachte ich, habe ich etwa schon wieder gegen eine ihrer unverständlichen sexuellen Regeln verstoßen?

«Du bist sehr attraktiv, Ann», sagte er mit unsicherer Stimme. «Aber ich bin glücklich verheiratet und gebe mich nicht mit anderen Frauen ab.»

«Was hat glücklich verheiratet mit anderen Frauen zu tun?» fragte ich. Da ich keine Logik in seiner Bemerkung erkennen konnte, fuhr ich fort, ihn so zu streicheln, wie Männer es gern haben. Sein Atem wurde schwerer. Er trat einen Schritt zurück, doch mittlerweile war ich aufgestanden und öffnete mit einer schnellen Bewegung diese bequeme und herrliche Erfindung, die sie Reißverschluß nennen. Dann hatte ich seinen Penis in der Hand, und mir war klar, daß er sich nicht länger sträuben würde. Jeder weiß, daß dieses Stück Fleisch der Frau gehört, auch wenn es fälschlicherweise am männlichen Körper sitzt – denn wurde es nicht zuerst dem Körper der Frau entnommen, und wird es nicht nach wie vor von ihr beherrscht? In diesem Augenblick jedenfalls gehörte sein Penis nicht ihm, sondern mir.

Zu meiner Überraschung verlor er jegliche Zurückhaltung, sobald er in mich eingedrungen war. Das wäre Männern meines Volkes nie passiert. Er war brutal, unbeholfen und viel zu hastig. Am Ende beging er sogar den elementaren Fehler, sich in meinem Körper einen

Höhepunkt zu erlauben. Ich war außer mir. Das war eine Vertraulichkeit, die allein auf den Zeugungsakt beschränkt ist. Kein Mann besitzt ohne ausdrückliche Aufforderung das Recht dazu. Ich schob ihn fort und stand keuchend und mit erhitzten Wangen vor ihm, zwischen Wut und unbefriedigtem Verlangen hin- und hergerissen.

«Wie kannst du es wagen!» schrie ich. «Ich habe dich eingeladen zum Liebemachen, nicht zum Kindermachen!»

Mit unglücklichem Gesicht tastete er nach seiner Hose. Er sah aus wie ein kleiner Junge, der jeden Moment in Tränen ausbrechen wird. «Du meinst, du nimmst keine... du hast... du hast nicht – ?»

«Ich weiß nicht, was du meinst», fauchte ich. «Ziegenbock! Gockelhahn! Hat deine Mutter dir denn nicht beigebracht, wie man eine Frau liebt?»

«Jetzt weiß ich nicht, was du meinst», sagte er. «Es tut mir leid, wenn ich dich verletzt habe. Die ganze Sache tut mir leid – Gott, es tut mir wirklich schrecklich leid.» Er zog die Hose hoch.

Noch immer unbefriedigt und wütend wandte ich mich ab und humpelte in mein Zimmer. Dort warf ich die Tür hinter mir zu und brachte mich mit den eigenen Fingern zum Höhepunkt. Er kam und klopfte an der Tür. «Ann, ich muß jetzt gehen», sagte er. «Bitte verzeih mir. Ich wollte das alles nicht. Ich hoffe, ich kann mir selbst verzeihen.»

«Geh nur, Wiedersehen», sagte ich. Es war mir klar, daß Jeff mit Sicherheit nicht der Liebhaber war, den ich suchte. Ich wartete, bis ich die Haustür ins Schloß fallen hörte. Dann ging ich in die Küche, kochte Tee und begann mit meinen Schreibübungen.

Als Diana abends nach Hause kam, klingelte das Telephon. Diana nahm es immer selbst ab und hatte mich angewiesen, den Anrufbeantworter anzustellen, wenn sie nicht zu Hause war. Nach dem Anruf sagte sie: «Das war Jeff. Er sagt, es ginge dir mittlerweile so gut, daß du keine besondere medizinische Versorgung mehr brauchst. Du kannst den Verband jetzt durch ein großes Pflaster ersetzen.»

«Jeff war heute hier», sagte ich. «Ich hatte vergessen, es zu erzählen. Er hat Liebe gemacht. Aber er ist unbrauchbar. Habe ihn weggeschickt.»

«Er hat was?» Sie schien entsetzt und gleichzeitig neugierig.

«Hat Liebe gemacht», wiederholte ich. «Ist das der falsche Ausdruck? Ist dringeblieben, wie zum Kindermachen. Untauglich. Er ist kein guter Liebhaber.»

«Jeff hat dich verführt? Lieber Himmel! Marcia darf nichts davon erfahren.»

«Marcia?»

«Seine Frau.»

«Es würde ihr etwas ausmachen? Nicht gut?»

«Ja, es würde ihr eine Menge ausmachen. Sie würde es ganz bestimmt nicht gut finden.» Ich dachte, diese Menschen sind wirklich komisch. Ein Mann, der so wenig Gespür für die Liebe hat, und trotzdem will sie nur ihn.

«Jeff hat nicht mich verführt», sagte ich. «Ich habe ihn verführt. Männer können nicht entscheiden. Aber er macht ein Kind. Das ist schlimm.»

«Du meinst, er könnte dich geschwängert haben? Das ist allerdings schlimm. Ich nehme an, von Geburtenkontrolle hast du noch nie gehört, wie?»

«Was ist das?»

Dann erklärte mir Diana die Verhütungsmethoden und Mittel, die Frauen in ihrem Land benutzen, um eine Schwangerschaft zu verhindern. Sie zeigte mir ihr altes Diaphragma und ihre Pillen.

Ich sagte: «Für Liebhaber, die sich nicht beherrschen,

benutzen meine Schwestern einen Schwamm aus dem Meer. Aber die meisten Männer lernen.»

«Ich wünschte, ich wüßte, wo du herkommst, Ann.»

«Ich wünschte auch», antwortete ich. «Dann kehre ich zurück und bin keine Last mehr für dich.»

Sie umarmte mich. «Ann, Liebes, du bist mir keine Last. Im Gegenteil, du hast mir einen neuen Sinn im Leben geschenkt, ein Rätsel, das ich lösen muß. Aber es tut mir leid, daß du Heimweh hast. Ich wünschte, ich könnte dich deinem Mutterclan zurückgeben, den du so vermißt. Es klingt wunderbar, selbst wenn es nur deiner Phantasie entsprungen ist.»

Schließlich gelang es ihr, mich dazu zu überreden, daß ich mich von meinem Schwert trennte. Ich versuchte zu erklären, daß das Schwert einer Kriegerin ein heiliges Gut ist, das sie niemals aufgeben darf, doch sie schwor, es mir innerhalb von drei Tagen wieder zurückzubringen. Sie wollte es einem gelehrten Mann zeigen, der vielleicht herausfinden könnte, wo meine Heimat war, wenn er Gelegenheit bekam, mein Schwert zu untersuchen. Widerstrebend erlaubte ich ihr, es zu nehmen. Am nächsten Morgen stand ich am Fenster und umklammerte nervös meinen Amulettbeutel, während ich zusah, wie sich Dianas Wagen mit meinem Schwert entfernte.

Doch sie hielt Wort. Innerhalb von drei Tagen war das Schwert wieder bei mir. Es schien unbeschädigt zu sein, bis auf eine winzige Kerbe am Griff, die mir noch nie aufgefallen war. Diana sagte, der gelehrte Mann denke über das Problem nach und werde bald ein Urteil fällen.

Möglich, daß Jeff ein unzulänglicher Liebhaber war, aber seine Fähigkeiten als Arzt waren nicht zu leugnen. Er hatte recht gehabt mit meiner Wunde. Sie war schneller und sauberer verheilt als jede andere, die ich im Leben gesehen hatte. Bald konnte ich fast ohne Schmerzen laufen, und hinkte nur noch ganz wenig. Auch das Sprechen machte Fortschritte. Diana zeigte sich immer wieder erstaunt, wie schnell ich ihre Sprache lernte. Ich erklärte, daß das mit der Fähigkeit zu tun habe, sich in den denk-sensitiven Zustand zu versetzen. Ohne ihn wäre es tatsächlich bedeutend langsamer gegangen. Diana verstand nicht, was ich damit meinte. Es schien, als hätten ihre Landsleute diese Fähigkeit entweder verlernt oder nie besessen.

Eines Morgens sagte sie zu mir: «Laß uns heute zusammen ausgehen, Ann. Du bist schon viel zu lange hier eingesperrt. Du fragst mich doch immer, wo das Essen herkommt. Würdest du es nicht gern selbst sehen?»

Das war aufregend, aber auch ein bißchen erschreckend. Ich würde mit Diana im Auto fahren, viele andere Leute und ungewohnte Dinge sehen. Ich rannte los, um mein Schwert zu holen. Diana nahm es mir sanft aus der Hand und sagte: «Das brauchst du nicht.»

«Oh, doch! Wäre ich nicht bewaffnet gewesen, hätten die Männer mich umgebracht. Hast du das vergessen?»

«Nein, ich habe es nicht vergessen. Aber wir fahren nur ein paar Meilen bis in die Stadt. Dort gibt es keine Rowdys. Niemand trägt Waffen. So will es das Gesetz.»

«Eine Kriegerin zeigt sich nicht unbewaffnet», beharrte ich. «Ich gehe mit meinem Schwert oder ich gehe gar nicht.»

«Dann werden wir es verstecken», sagte Diana. Aus ihrem Büro holte sie eine dicke Papprolle, die länger war als mein Arm. «So trägst du eine Versandrolle, kein Schwert. Wirst du es wenigstens darin verbergen, statt es offen zu tragen?»

Ich willigte ein. Das Schwert wurde in die Versandrolle eingeschlossen. Es war ein seltsamer Anblick, aber es schenkte mir Selbstvertrauen.

Was soll ich sagen über den ersten Anblick dieses Überflusses, den die Menschen in diesem Land für selbstverständlich halten? Die Regale quollen über von bunten Früchten und Gemüse, in allen Farben schimmernd wie kostbare Edelsteine, eine Fülle, wie sie kein Dorf irgendwo auf meiner Welt in einer einzigen Saison hätte hervorbringen können. Die Tiere waren bereits geschlachtet, ausgenommen, zerlegt und in kleine Stücke verpackt, die kaum noch Ähnlichkeit mit richtigem Fleisch hatten. Unbewegt von all den Wundern schlenderten die Leute gemächlich durch dieses Paradies und füllten ihren Einkaufswagen mit Lebensmitteln, ohne dafür eine größere Anstrengung vollbringen zu müssen, als eine Dose oder eine Packung aus dem Regal zu nehmen.

«Wer tut die richtige Arbeit?» fragte ich Diana. «Wo wachsen diese Früchte? Wo werden die Tiere aufgezogen, gemästet und geschlachtet? Wo sind die Kühe, die so viel Milch geben? Und wo die Hühner, die diese Eier legen? Wo sind die Butterfässer, Kochtöpfe, Backöfen, Pökeleimer?»

«Die bekommen wir nie zu sehen», antwortete Diana. «Es gibt große Fabriken, wo jeden Tag Hunderte von Menschen arbeiten. Die Suppen zum Beispiel werden in riesigen Bottichen gekocht, die so groß sind wie ein ganzes Zimmer in meinem Haus. Die Farmen sind Hunderte oder sogar Tausende von Meilen entfernt. Alles wird in großen Lagerhäusern gesammelt, auf Lastwagen geladen und zu allen Geschäften im Land transportiert.»

«Dann gibt es noch mehr Geschäfte? Das ist nicht der zentrale Marktplatz?»

«Es gibt Hunderte von anderen Geschäfte wie dieses, und Tausende, die noch größer sind, im ganzen Land verstreut. Aber du weißt gar nicht, wie groß dieses Land ist, nicht wahr, Ann?»

«Wie viele Tagesritte? Zu Pferd, nicht im Wagen.»

«Zu Pferd würde man von einer Küste dieses Landes zur anderen ungefähr sechs Monate brauchen, vielleicht auch mehr.»

Ich konnte es nicht fassen. Ein so großes Land! Ich war wirklich sehr weit von zu Hause weg.

Doch noch weiter weg fühlte ich mich nach dem »Parkplatzvorfall«, wie Diana ihn später nannte. Wir kamen mit Tüten voller Lebensmittel aus dem Laden und verstauten sie in Dianas Wagen. In dem Auto neben uns bemerkte ich drei kleine Kinder und einen Mann, der einfach nur dasaß und wartete, während eine Frau ihren Einkaufswagen neben den Kofferraum schob und anfing, ihre Sachen umzupacken. Eines der kleinen Mädchen zappelte herum und quengelte. Plötzlich schlug der Mann die Kleine und befahl ihr, Ruhe zu geben. Sie fing an zu heulen. Der Mann schlug sie erneut und sagte: «Halt den Mund.» Das Mädchen schluckte und wimmerte nur noch leise.

«Laß das Kind in Ruhe, Ed», sagte die Frau erschöpft.

Der Mann stieg aus und torkelte auf sie zu. «Willst du mir sagen, was ich zu tun und zu lassen habe?» fragte er barsch.

«Nein, Ed, ich wollte nur...»

«Wo ist mein Scotch?»

Sie reichte ihm eine Tüte. Er zog die Flasche heraus, warf einen Blick darauf und schlug plötzlich auf die Frau ein, so wie zuvor auf das Kind. «Du blöde Kuh», sagte er. «Das ist kein Scotch, das ist Bourbon. Ich habe Scotch gesagt.»

Wieder hob er die Hand. Die Frau kauerte sich gegen den Wagen in Erwartung des nächsten Schlags, doch dazu kam es nicht mehr. Denn mittlerweile hatte ich mein Schwert aus der Rolle gezogen, den Mann mit einem Tritt gegen die Knöchel aus dem Gleichwicht gebracht, so daß er herumwirbelte, und ihn mit der Schwertspitze am Hals gegen den Wagen gedrängt. «Männer schlagen nicht Frauen und Kinder», sagte ich.

«Was zum Teufel hast du damit zu tun?» fragte er und starrte mich mit blutunterlaufenen Augen an. Er würde mich jeden Augenblick angreifen. Ich versetzte ihm einen heftigen Schlag gegen die Schulter und verpaßte ihm mit dem Schwert einen Kratzer in den Hals. Das Blut tropfte auf den Kragen.

«Männer schlagen nicht Frauen und Kinder», wiederholte ich.

«Kümmere dich um deine eigenen gottverdammten Angelegenheiten!» brüllte er. Wieder stieß ich ein wenig zu. Dann stand Diana plötzlich neben mir. «Hör auf, Ann, laß das lieber.»

«Ganz recht, das sollte sie lassen!» tobte der Mann. »Rufen Sie die Polizei, Sie da! Schaffen Sie sie zurück in die Klapse, wo sie hingehört! Was hat sie mit einer illegalen Waffe hier zu suchen?»

Ohne auf irgend etwas davon zu achten, sagte ich: «Du schwörst bei allem, was dir heilig ist, daß du nie wieder Frauen oder Kinder schlägst – oder ich töte dich auf der Stelle.»

Er starrte mir in die Augen und wußte, daß ich meinte, was ich sagte. Um ihn zu ermuntern, ließ ich ihn noch einmal die Klinge spüren. Sein Kragen war mittlerweile rot. Ich sah, daß er anfing zu zittern.

«Okay, Lady, okay. Regen Sie sich nicht auf!»

«Schwör!» sagte ich und verstärkte den Druck.

«Okay, ich schwöre. Ich werde nie wieder jemanden schlagen, so wahr mir Gott helfe. Zufrieden?»

Ich sah auf seine Frau, die mit offenem Mund dastand und sich an ihre Einkaufstüte klammerte. «Vergiß das nicht», sagte ich zu ihr. «Wenn er gegen das Gesetz verstößt, werde ich ihn finden.» Sie nickte, ohne den Mund zu schließen.

Ich trat langsam zurück.

Kaum hatte ich ihn freigegeben, kletterte der Mann in seinen Wagen und verriegelte die Tür. Die Frau verstaute ihre Einkäufe und warf mir dabei neugierige Blicke zu. Dann stieg sie neben dem Mann ein, und sie fuhren davon.

Diana sagte: «Was du getan hast, verstößt gegen das Gesetz, Ann.»

«Verstößt es nicht gegen das Gesetz, wenn Männer Frauen schlagen? Es verstößt gegen das Gesetz, wenn Frauen eine andere Frau vor einem Mann verteidigen, der sie angreift? Was sind das für Gesetze, Diana? Werden sie nur von Männern gemacht?»

«Nun, ja. Fast alle unsere Gesetzgeber sind Männer. Doch das Gesetz sieht auch vor, daß Frauen vor körperlicher Mißhandlung geschützt werden. Diese Frau könnte den Mann bei der Polizei anzeigen und rechtliche Maßnahmen gegen ihn ergreifen, besonders wenn er ihr oder den Kindern ernsthafte Verletzungen zufügte. Aber trotzdem sollten sich Fremde wie du nicht einmischen, es sei denn, das Leben eines anderen ist in Gefahr.»

«Keine Polizei war in der Nähe», sagte ich. «Wer soll andere Frauen beschützen? In meinem Land beschützen die Frauen sich gegenseitig. Ich bin eine Kriegerin. Ich werde die Frauen verteidigen.»

Dianas Lippen zuckten und ihre Augen wurden zu schmalen Schlitzen. Ich wußte, daß dies ein Anzeichen für kaum unterdrückte innere Belustigung waren. Plötzlich brach sie in Gelächter aus. Sie beugte sich vor und schlug mit der Faust auf die Motorhaube. Ich konnte nicht anders als in ihr Gelächter einzustimmen.

«Du bist mir vielleicht eine Kriegerin», keuchte sie schließlich und wischte sich über die Augen. «Weißt du, was du bist, Ann? Superwoman. Furchtlose Kreuzritterin. Maskenlose Rächerin. Beistand der Ohnmächtigen. Lieber Himmel! Nie werde ich das Gesicht dieses Mistkerls vergessen! Es war seinen Preis wert. Aber ernsthaft, Ann, du kannst nicht rumlaufen und in aller Öffentlichkeit Leute mit deinem Schwert bedrohen. Ich wußte schon, warum wir das Ding lieber hätten zu Hause lassen sollen. Wenn du so was nochmal machst, riskierst du, ins Kittchen zu wandern.»

«Wie im Fernsehkasten?»

«Ja, genau so. Und es würde dir bestimmt keinen Spaß machen, eingesperrt zu sein.»

«Dieser Mann gehört ins Kittchen. Er verstößt gegen das Gesetz der Mutter. In meinem Land darf kein Mann Frauen oder Kinder schlagen. Keine Mutter würde einen grausamen Mann in der Nähe ihrer Kinder dulden.»

«Dieser Mann war wahrscheinlich der Vater dieser Kinder», sagte Diana. «In den schlimmen alten Zeiten, die noch gar nicht so lange her sind, hatten Väter die absolute rechtliche Gewalt über ihre Kinder, und auch über ihre Frauen. Väter konnten ihre Angehörigen nach Lust und Laune verprügeln und sogar töten. Jetzt sind die Gesetze verbessert worden. Diese Frau könnte sich von ihrem Mann scheiden lassen und die Kinder von ihm fernhalten, wenn er sie wirklich mißhandelt.»

«Sie kann nicht einfach sagen, daß er es nicht verdient, Vater zu sein, ihn fortschicken und sich einen anderen Mann nehmen?»

«Nicht so leicht. Sie würde vor Gericht gehen müssen, was eine Menge Geld kosten kann. Manche Frauen glauben, daß sie dieses Geld nicht aufbringen können, besonders wenn der Mann das Geld verdient und verwaltet.»

«Dein Land ist schrecklich», sagte ich. «Männer vergewaltigen, töten und verletzen Mütter und Kinder.»

«Nicht alle Männer», sagte Diana. «Anständige Leute benehmen sich nicht so wie dieser Typ. Leider sind jedoch nicht alle Leute anständig.»

«Jeden Tag lernen Männer im Fernsehen grausam zu sein», antwortete ich. «Auf diese Weise werden sie bestimmt nicht anständiger.»

Diana seufzte traurig. «Ich fürchte, damit hast du nur allzu recht. Merkwürdig, daß es sogar dir völlig klar zu sein scheint, obwohl du kaum Fernsehen gesehen hast. Und doch geben die Medienleute nichts als lahme Entschuldigungen von sich und werkeln weiter an dieser Eskalation der Gewalt. Viele von uns sind sehr besorgt deswegen.»

«In meinem Land herrscht Gewalt nur im Krieg, wenn wir kämpfen müssen, um unser Mutterland zu verteidigen, ob wir wollen oder nicht. Wenn wir unsere Feinde alle geschlagen haben, gibt es nie wieder Krieg.»

«Diesen Spruch habe ich schon mal gehört», gab Diana zurück. «Aber versuchen wir lieber, mehr über dein Land herauszukriegen, was meinst du, Ann? Bevor eine von uns noch älter wird, sollten wir ernsthafte Nachforschungen anstellen. Am besten fangen wir gleich heute nachmittag an.»

Und so geschah es.

KAPITEL 6

Als Diana den stimmenspeichernden Kasten aufstellte, bat sie mich, diesmal in ihrer Sprache, in Englisch, zu sprechen. Ich beherrschte die Grammatik mittlerweile ziemlich gut, aber mein Wortschatz war noch immer lückenhaft und es gab viele Wörter, für die ich keine englische Entsprechung hatte. Zum Beispiel fehlte mir der englische Ausdruck für Griechen. Zuerst nannte ich sie Gottmenschen, aber das war nicht richtig, weil Diana glaubte, ich meinte göttliche Wesen. Ich mußte ihr erklären, daß es nur Menschen waren, die Götter anbeteten und die Mutter vernachlässigten. Dann verfiel ich darauf, sie als Unmenschen zu bezeichnen, um anzudeuten, wie grausam sie waren. Doch auch das war nicht richtig, denn nun dachte sie, ich meinte Menschen, die wie Tiere waren. Schließlich verständigten wir uns darauf, daß man die Griechen als vater-fixierte Menschen beschreiben könnte. Diana erzählte mir, daß sie den Menschen in ihrem eigenen Land offenbar sehr ähnlich waren.

Diana fragte mich von neuem über mein früheres Leben aus. Ich beschrieb in allen Einzelheiten, wie unser Clansystem funktionierte, wie die Verwandtschaftsverhältnisse waren, was wir aßen, wie wir uns kleideten, aus welchem Material unsere Häuser bestanden. Ich sprach über Religion, Landwirtschaft, Recht, Kindererziehung, Ehe, Kriegerausbildung, die Stellung der Pferdefrauen, Priesterinnen und Orakel – über alles, bis hin zu unserer Methode, das Herdfeuer zu hüten, Tongefäße herzustellen und Felle aneinanderzufügen, um Gewänder daraus zu schneidern. Ich beschrieb das wenige, das ich über das Schmiedehandwerk, über Heilpraktiken, Weinherstellung, Hebammentum und andere Fachkenntnisse wußte. Ich erzählte von meinem Einlaß in den Schoßtempel, den Worten der Priesterin und meinem bösen Erwachen auf dem Highway. Manchmal mußte ich weinen. Ich litt noch immer schwer unter dem Verlust meiner Mutter, der Schwestern und meines Zuhauses. Diana tröstete mich und wartete. Der Prozeß erstreckte sich über viele Sitzungen. Sie machte sich Notizen, und der Aktenordner, der sie enthielt, wurde immer dicker.

Eines Tages sagte sie: «Ich habe einen Bericht über dein Schwert. Es ist ein außergewöhnlich wertvolles antikes Stück. Der Professor glaubt, daß es aus Kleinasien stammen könnte und datiert es vorsichtig ins dritte Jahrtausend vor Christus. Das sind vier- oder fünftausend Jahre, Ann! Dieses Schwert ist archäologisch nirgends dokumentiert. Niemand scheint zu verstehen, wie es in so vollkommenem Zustand überdauert haben kann. Das Museum hat dreißigtausend Dollar dafür geboten. Willst du dein Schwert für sehr viel Geld verkaufen?»

«Nein!»

«Das dachte ich mir. Aber Ann, wir müssen uns

wirklich mal Gedanken darüber machen, wie du dir ein wenig eigenes Geld verdienen könntest. In dieser Welt braucht man Geld, um zu überleben. Aber das kann man lernen. Also mußt du zuerst genug lernen, um einen Job zu finden. Wenn dein früheres Leben wirklich nur eine Wahnidee ist, so ist sie zumindest die vollständigste und logischste, die ich je gehört habe. Doch falls es mehr als Einbildung sein sollte – nun, was das bedeuten würde, übersteigt mein Vorstellungsvermögen.»

«Das verstehe ich nicht.»

«Wenn du das nicht alles nur erfunden hast, gibt es nur einen Schluß: Du kommst aus einer Zeit, die längst vergangen ist und hast dich auf irgendeine Art Tausende von Jahren in der Zukunft materialisiert – deiner Zukunft, heißt das. Wenn es so ist, existiert deine Heimat nicht mehr. Der einzige authentische Beweis, den wir dafür haben, ist dein Schwert. Ich kann mir einfach nicht vorstellen, wie du darangekommen bist, es sei denn, du bist die gerissenste Lügnerin, die ich kenne.»

«Eine Kriegerin lügt niemals.»

«Ich glaube dir, Ann. Zumindest glaube ich dir, daß du die Wahrheit so erzählst, wie du sie siehst. Das einzige Problem ist, daß das, was du siehst, unmöglich zu sein scheint. Wenn es möglich wäre, dann ist es das erste Mal in der Geschichte der Welt, daß so etwas passiert. Und damit bist du ein echtes Medienereignis, nicht nur bei uns, sondern auf der ganzen Welt.»

«Du willst über mich schreiben?»

«Das will ich, mit deiner Erlaubnis, Ann. Aber zuerst muß ich alle Informationen sammeln, die ich bekommen kann. Das ist unerläßlich, wenn man über das Unmögliche berichten will. Darf ich deine Amulette ebenfalls untersuchen lassen?»

Ich umklammerte nervös meinen Amulettbeutel.

«Die Mutter selbst hat sie mir verliehen», sagte ich. «Und das Gesetz der Mutter darf ich nicht brechen.»

«Na schön. Wie wär's, wenn ich jemanden herbrächte, um sie anzusehen? Würdest du ihm erlauben, sich damit zu beschäftigen?»

«Keinem ihm. Wenn ein Mann meine Amulette berührt, bin ich verflucht. Nur Frauen dürfen sie berühren.»

«Dann werde ich einen weiblichen Mineralogen finden», versprach sie mir.

Wenige Tage später brachte Diana eine andere ältere Frau mit nach Hause. Ich hatte mich ausgezogen und machte im Wohnzimmer meine Übungen, aber ich trug meinen Gürtel und einen der Wattebäusche, die Diana mir gegeben hatte. Zu meiner Erleichterung war das Mondblut über mich gekommen; Jeffs sexueller Fehltritt hatte also keine ernsthaften Folgen gehabt. Hätte ich meine Übungen draußen abhalten können, wie es sich für Kriegerinnen gehört, hätte ich gar nichts getragen. Die Watte benutzte ich nur aus Rücksicht auf Dianas Teppich.

Die Frau blieb ein paar Schritte vor mir stehen und starrte mich überrascht an. Diana, die hinter ihr stand, lächelte leicht, als sie mich Dr. Ellen Fitzgerald vorstellte, Spezialistin auf dem Gebiet der Mineralogie. Ich begrüßte Dr. Ellen höflich, indem ich aus Ehrfurcht vor ihrem grauen Haar den Kopf neigte. Diana legte mir ein Handtuch um die Schultern, während ihr Gast ein weiches Tuch auf dem Tisch ausbreitete und mich aufforderte, die Steine darauf zu legen. Ich gehorchte. Dr. Ellen betrachtete sie ein paar Minuten lang und hielt dann ein kleines Röhrchen vors Auge, um jeden einzelnen genauer zu studieren.

«Ganz einfach», sagte sie dann, an Diana gewandt. «Ein gewöhnlicher Quartzkristall, ein Stück Karneol, ein

Brocken Magnetit und ein grob poliertes Tigerauge. Nichts Ungewöhnliches dran.»

«Gibt es irgendeine Möglichkeit, festzustellen, aus welcher Zeit sie stammen?» fragte Diana.

«Nein. Diese Minerale kommen auf der ganzen Welt vor. Sie könnten von überall und aus jeder Zeit stammen. Die meisten Minerale sind ohnehin älter als die Menschheit, wie Sie sicher wissen. Wären sie eingefaßt, dann hätten wir etwas, von dem wir ausgehen könnten. Bearbeitetes Metall enthält eine ganze Menge Informationen. Aber das hier sind nur Brocken natürlichen Gesteins.»

«Es sind die Jungfrau, die Mutter, die Alte Frau und das Auge des Mondes», erklärte ich ihr. «Diese Steine wurden in die Erde versenkt, damit die Priesterin sie benutzen kann.»

Dr. Ellen warf mir einen seltsamen Blick zu. «Wie Sie meinen.»

Ich sagte zu Diana: «Sie hält mich für verrückt.»

«Ich habe ihr die Sache noch nicht erklärt», antwortete Diana. «Wir werden sehen.»

Ich nahm meinen schwarzen Stein, der als Symbol für die alte Frau gilt, und sagte, an Dr. Ellen gewandt: «Dieser Stein ist eines der Gliedmaßen der Göttin. Er verbindet sich mit dem Schwarzen Stein im Mutter-Tempel von Themiskyra.»

Sie bat mich, Themiskyra zu wiederholen. Dann sagte sie: »Ich kenne diesen Namen, obwohl Sie ihn merkwürdig aussprechen. Ich erinnere mich an eine alte Legende über einen schwarzen Stein in einer heiligen Stätte namens Themiskyra. Prägriechisch, oder? Der Stein galt bei den Amazonenstämmen am Schwarzen Meer als heilig.»

Plötzlich hatte Diana ihr Notizbuch in der Hand.

Man merkte ihr die Erregung an, als sie Dr. Ellen nach weiteren Einzelheiten fragte.

«Ich habe mehrere Geschichten gehört, aber das ist lange her», sagte Dr. Ellen. «Ich kann mich nicht mehr so genau erinnern. Es hieß, die Amazonen hätten eine Gottheit in Form eines weder menschlich noch tierisch gestalteten schwarzen Steines verehrt, möglicherweise war es ein Brocken Meteoritengestein. Es könnte derselbe Stein gewesen sein, der im dritten Jahrhundert vor Christus als Abbild der phrygischen Göttin Kybele nach Rom überführt wurde. Manche behaupten, daß nach der Unterdrückung des Kybele-Kults durch die Christen der gleiche schwarze Stein sechs Jahrhunderte später nach Mekka gebracht wurde und dort als ursprüngliches Heiligtum der Kaaba diente. Frühe Priester der Kaaba wurden als Söhne der Alten Frau bezeichnet, und ‹Alte Frau› war einer der Titel von Kybele und auch der amazonischen Göttin.»

«Ja!» rief ich. «Der Schwarze Stein ist die göttliche Alte Frau, die von den Sternen gekommen ist. Ich habe sie mit eigenen Augen gesehen. Und dieser Stein hier hat sie auch gesehen.» Damit griff ich nach dem sogenannten Tigerauge, und preßte ihn an die Brust. «Sie hat ihren Sitz in Themiskyra, der heiligsten Stätte meines Mutterlandes. Oh, Dr. Ellen, was wissen Sie über mein Mutterland, mein Volk?»

«Ich kenne nur ein paar alte Legenden», sagte Dr. Ellen freundlich. «Und wie Sie wissen, können Legenden sehr irreführend sein. Sie verändern sich, wenn sie jahrhundertelang von einer Generation an die nächste weitergegeben werden. Warum glauben Sie, daß Ihr Volk am Schwarzen Meer zu Hause ist?»

Noch bevor ich antworten konnte, bat Diana um weiterführende Literatur, Artikel, Bücher und mehr

Hintergrundinformation. Sie schrieb sich alle Anregungen Dr. Ellens auf. Ich spürte, daß sie darauf brannte, die Spur aufzunehmen.

Dr. Ellen versprach, sich nach weiteren Quellen umzusehen und Diana eine Liste zu schicken. Es schien mir, als seien diese beiden weisen Frauen dabei, eine Brücke zu meinem verlorenen Leben zu schlagen. Außer mir vor Freude sank ich vor Dr. Ellen auf die Knie, ergriff ihre Hand und preßte sie auf meine Stirn. «Möge die Göttin gewähren, daß Sie den Weg in meine Heimat finden», sagte ich.

Wieder einmal, wie schon so oft, merkte ich, daß meine unbefangene Geste für den Geschmack dieser Zivilisation zu gefühlsbetont war. Dr. Ellen zog ihre Hand zurück und klopfte mir verlegen auf die Schulter. Offensichtlich war ihr das Ganze peinlich. «Ich werde tun, was in meinen Kräften steht», sagte sie, «aber machen Sie sich keine allzu großen Hoffnungen.» Wenig später verabschiedete sie sich.

Mein nächstes überwältigendes Erlebnis kam, als Diana mich in die Öffentliche Bibliothek mitnahm. Ich hatte geglaubt, Dianas Büchersammlung sei ein wahrer Schatz – so viele Bände mit Wissen müßten das Ergebnis von Generationen geduldigen Sammelns sein. Offensichtlich war Diana sehr reich, wenn sie ganz allein eine solche Sammlung besaß. Dann sah ich die Bibliothek. Ganze Räume, angefüllt mit Büchern, die alle Wände bedeckten! Allein diese Bücher zu zählen, würde sehr viel Zeit in Anspruch nehmen. Um sie alle zu lesen, müßte man ein ganzes Leben Zeit haben. Ich stand staunend da und drehte mich langsam um die eigene Achse, um alles in mich aufzunehmen.

«Das ist das zentrale *byblos*, Diana – ich meine, der Tempel des Wissens in deinem Land? Sind alle magischen Kenntnisse deines Volkes an diesem Ort versammelt?»

Diana lachte. «Nein, das ist nur die Gemeindebibliothek», sagte sie. «Eine lokale Einrichtung, verstehst du? Es gibt Tausende und Abertausende von solchen Bibliotheken. Die Hauptbibliothek des Landes ist weit entfernt von hier, in Washington, dem Regierungssitz. Jede zweite Großstadt hat darüber hinaus eine richtig große Zentralbibliothek. Diese hier ist ziemlich klein.»

Ein paar Leute schritten ruhig durch diesen Tempel der Gelehrsamkeit. Manche saßen an Tischen und lasen still. Diana zog Dr. Ellens Liste aus der Tasche und fing an, die Bücher zu suchen, während ich Gelegenheit hatte, mich umzusehen.

Ich wagte es nicht, die kostbaren Bände auf den Regalen zu berühren, deshalb setzte ich mich an einen Tisch und wartete. Dabei beobachtete ich einen halbwüchsigen Jugendlichen auf der anderen Seite des Tisches. Er rutschte unruhig auf seinem Stuhl hin und her, kaute auf seinem Bleistift herum und schob lustlos und gereizt seine Blätter von einer Seite auf die andere. Alle paar Minuten stöhnte er laut und raufte sein langes, ungewaschenes Haar. Er starrte ins Leere. Irgendwann erhaschte er meinen Blick und grinste mich verschwörerisch an. «Blöde Geschichtsschreibung», sagte er. «Das Zeug ist sterbenslangweilig.»

«Was ist Geschichtsschreibung?» fragte ich.

«Woll'n Sie mich auf den Arm nehmen?»

«Bitte, gib mir eine Definition.»

«Jessas! Sie hör'n sich an wie mein Pauker. Sind Sie auch Pauker oder was?»

«Ich möchte etwas darüber erfahren, was du da gerade lernst.»

«Das hab ich nicht nötig, Mann», sagte der Junge. Er

sammelte seine Bücher und Blätter ein und ging zu einem anderen Tisch. Dabei warf er mir finstere Blicke zu. Dann knallte er die Bücher auf den Tisch. Ich zuckte zusammen. Es kam mir vor, als hätte dieser unbedachte Bursche ein heiliges Ding entweiht.

Ich stand auf und beugte mich über ihn. «Du bist ein ungezogenes Kind», sagte ich. «Vergiß nicht, daß du privilegiert bist, wenn du lesen kannst. Vergiß nicht, daß es ein Segen ist, wenn man etwas lernen darf. Respektiere deine Bücher, dann kannst du vielleicht auch dich selbst respektieren.»

Damit wandte ich mich ab und ließ ihn mit offenem Mund sitzen.

Wieder hatte ich eine erstaunliche Lektion gelernt. So wie die Leute hier ihre Körper vernachlässigten, indem sie ihnen inmitten der unvorstellbarsten Annehmlichkeiten im täglichen Leben die einfachste Berührung vorenthielten, so vernachlässigten sie auch ihren Geist inmitten eines Wissens, wie meine Welt es sich niemals hätte erträumen können. Die Bibliothek, die dieser verzogene Junge für selbstverständlich hielt und sogar verabscheute, war eine Quelle der Information. Man durfte die Bücher sogar ausleihen und mit nach Hause nehmen, um sie in Ruhe zu lesen. Diana hatte bereits einen ganzen Arm voll gefunden. Und doch wurden diese Schatzkammern des Wissens nur von einem relativ kleinen Anteil der Bevölkerung regelmäßig genutzt. Viele schätzten diese verfügbaren Wunder der Gelehrsamkeit gering und entschieden sich aus freiem Willen, dümmer zu bleiben als der ärmste Ziegenhirt in meinem Volk.

Ein paar Tage später nahm mich Diana in einen anderen Tempel des Wissens mit – in eine Universität. Es war ein wunderschöner Ort, weitläufig, mit Gras und vielen hohen Bäumen und Gebäuden. Diana sagte, hier würden wir mit weisen Männern zusammentreffen, die viele Sprachen kannten. Ich sollte ihnen meine Muttersprache vorstellen und auch das, was Diana noch immer meine «Gabe» des Gedankenlesens nannte, obwohl ich versucht hatte ihr zu erklären, daß es keine Gabe ist, sondern eine Fähigkeit, die sich allerdings nur schwer erlernen läßt.

Wir besuchten mehrere gelehrte Männer, die in winzigen, mit Büchern und Papieren vollgestopften Zimmern hausten. Einer von ihnen erzeugte unablässig Rauch mit kleinen Saugröhrchen, die Zigaretten heißen. Sein Zimmer war so verqualmt und übelriechend, daß ich es darin kaum aushielt, obwohl ich mich allmählich an die allgemein schlechte Luft dieser Welt gewöhnt hatte.

Jedem dieser gelehrten Männer führte ich meine Muttersprache vor. Alle erklärten, sie hätten sie noch nie gehört. Dann kam der schwierigere Teil. Jeder dieser Männer versuchte in mehreren Sprachen mit mir zu sprechen. Ich sollte den denk-sensitiven Zustand jeweils lange genug aufrechterhalten, um die Worte zu verstehen und ins Englische zu übersetzen. Diana und die Männer (sie nannte sie Professoren) nahmen auf Band auf, was ich sagte, und machten sich Notizen. Das dauerte viele Stunden.

Am Ende dieses Tages war ich erschöpft. Auf dem Heimweg fragte ich Diana: «War ich gut?»

Sie drückte meine Hand und lächelte: «Du warst wundervoll, Ann. Du hast ihnen Stoff gegeben, über den sie sich noch zehn Jahre lang den Kopf zerbrechen können. Jedenfalls hoffe ich, daß sie das tun. Jedes kleine Stückchen wird uns helfen.»

Unser nächster Besuch galt einem Polizeikommissariat, wo ein Mann meine Fingerspitzen mit schwarzer Tinte beschmierte und sie dann auf Stücke Papier drückte. Ich mochte diese Männer nicht. Jeder von ihnen trug eine Feuerwaffe. Sie hingen an ihren Gürteln, als wären es Schwerter. Ohne mein Schwert fühlte ich mich unter diesen Männern unwohl. Diana hatte mich überredet, es im Wagen zu lassen, weil die Gesetze ihres Landes vorschrieben, daß die Polizei es mir wegnehmen mußte. Nur diese Männer durften Waffen tragen. Schlechte Gesetze waren das, denn sie beraubten die Frauen ihrer Verteidigung. In diesem Land war es nur den Männern gestattet, Krieger zu werden, und Frauen konnten durch ihre Gewaltandrohungen eingeschüchtert werden. Trotzdem erwartete man von den Frauen, daß sie diesen bewaffneten Polizisten vertrauten, genauso wie sie männlichen Heilern und männlichen Priestern vertrauen mußten, die in ihrer Unwissenheit das göttliche Bild der Mutter aus dem Bewußtsein der Frauen gelöscht hatten.

Eines Tages nahm mich Diana mit in ein Einkaufszentrum.

Hier entdeckte ich die wahre heilige Stätte ihres Volkes. In den Menschenmassen sah ich fast auf allen Gesichtern jenen entrückten Ausdruck der Befriedigung, der auf religiöse Ergriffenheit schließen läßt. Das Objekt ihrer andächtigen Betrachtung war die Vision uneingeschränkten Kaufens.

Das Einkaufszentrum war ein überwältigendes sinnliches Erlebnis. Fast alles, das man hier sehen oder anfassen konnte, stand zum Verkauf. Zuerst war ich erschüttert von dieser Umgebung. Anders als die heiligen Grotten bei Themiskyra, die zwar ausgeschmückt, aber doch größtenteils so geblieben waren, wie die Natur sie geschaffen hatte, war hier alles künstlich – ein von Menschenhand geschaffener Palast voller Wunder. Es gab Nachbildungen von Seen und Brunnen, Tausende von funkelnden bunten Lichtern und eine Fülle von Edelsteinen, Werkzeugen, Gewändern, Schuhen und anderen Waren, die mich an die Flut von Nahrungsmitteln im Supermarkt erinnerten. Es gab wahre Schätze – Gegenstände, die schöner waren als die Blumen des Frühlings: leuchtende, hellfarbige Dinge, die keinen anderen erkennbaren Zweck hatten, als das Auge zu erfreuen.

Wie ein Kind wollte ich alles auf einmal betrachten. Ich konnte mich einfach nicht sattsehen an dieser Augenweide, doch nach einer Weile war ich wie erschlagen. Diana dagegen ignorierte alles, nahm mich an die Hand und steuerte zielstrebig auf einen bestimmten Laden zu.

In einem Raum, der zehnmal so groß war wie Dianas großes Wohnzimmer, lagen Tausende von Stoffballen zum Verkauf aus. Sie hatten Farben, die nicht einmal die Regenbogengöttin hätte erfinden können, und Muster, die komplizierter und verschlungener waren als die Wege in einem magischen Labyrinth. Als mein Blick ihnen zu folgen versuchte, wurde mein Kopf so wirr, daß ich reglos stehen blieb, bis Diana mich weiterzog.

«Paß auf, Ann, ich möchte, daß du hier die Stoffe auswählst, die aussehen wie die Gewänder, die du zu Hause getragen hast. Du sollst ein paar Kleider haben, die authentisch aussehen. Triff deine Wahl sehr sorgfältig.»

«Aber meine Leute haben nie Stoffe wie diese gehabt», wandte ich ein. «Wo ist das gewebte Leinen, die gewöhnliche Schafswolle, das weichgegerbte Leder? Es gibt hier nichts, das man in meinem Mutterclan wiedererkennen würde.»

«Ich weiß, daß es nicht dasselbe ist. Wir wollen nur eine grobe Ähnlichkeit. Denk nach. Laß dir Zeit.»

Schließlich entschied ich mich für einen grob gewebten grauen Wollstoff und einen rauhen gelblichweißen Vorhangstoff, der eine gewisse Ähnlichkeit mit selbstgesponnenem Leinen hatte. Dazu ein Stück braunes Wildledermaterial, das so aussah und sich anfühlte wie das Ideal, das wir anstrebten, wenn wir unsere Ledergewänder anfertigten. Es war weich und biegsam wie die Haut einer Schlange, ein Vergnügen und eine Wonne für jeden, der es berührte. Meine Clanschwester Niobe, die die meiste Lederarbeit bei uns machte, hätte ihren rechten Arm dafür gegeben, ein solches Wunderwerk zustandezubringen.

Doch das war noch lange nicht alles. Als wir zu Dianas Haus zurückkamen, öffnete sie einen Schrank und nahm eine kleine Maschine heraus, die mit unvorstellbarer Geschwindigkeit nähen konnte. Statt stundenlanger Werkelei mit groben Nadeln und handgedrehtem Garn, das voller Knoten war und sich immer wieder verhedderte, konnte Diana mehrere Stücke Stoff in Minutenschnelle und mit beinahe unsichtbarem Garn aneinanderfügen. Jetzt wußte ich endlich, wie unsere wunderbaren Kleider hergestellt wurden, bevor sie in den Geschäften ausgelegt wurden. Und Diana konnte sich ihre Kleider selbst schneidern, wann immer sie wollte.

Gemäß meinen Anweisungen schnitt sie einzelne Stücke aus dem Stoff und nähte sie zusammen. Wenig später besaß ich eine kleine Garderobe von Gewändern, die fast so aussahen wie die zu Hause, obwohl das Material feiner und die Nähte viel eleganter waren. Eines, das eigentlich nicht sehr authentisch war, nannte Diana meinen Trainings-Outfit. Aus dem braunen Wildleder hatte sie ein knappes Oberteil geschneidert, das mit einem Riemen gehalten wurde, und dazu eine Art Tanga, den wir am Gürtel befestigten. Diana bat mich, diese Sachen zu tragen, wenn ich meine Übungen machte, denn sie wollte bewegliche Bilder von mir machen – Bilder, die die Leute im Fernseher betrachten könnten. Sie sagte, die Leute würden sie nicht ansehen können, wenn ich nackt sei. So seltsame Ansichten hatte ihr Volk.

Eines Tages brachte Diana einen Mann mit nach Hause, der eine große Maschine auf der Schulter trug. Diana sagte, das sei eine Fernsehkamera, die Bilder von meinen Übungen machen könne. Wir gingen nach draußen, und der Mann filmte meine Morgengymnastik. Später legte Diana einen Film in ihren eigenen Kasten und zeigte mir meine Bilder.

Diese Art von Magie beunruhigte mich. Ich versuchte Diana meine Befürchtungen zu erklären. «Wenn mein Bild in diesem Kasten ist, können mich Fremde sehen und böse Zauber gegen mein Bild machen. Es ist ungefähr so wie» – ich suchte nach einem Bild, das sie verstehen würde – «ein Bild von deinem Gesicht im Wasser. Wenn jemand das Wasser aufrührt, solange du dich betrachtest, wird dein Bild zerstört, und das ist dasselbe wie die Seele zu zerstören. Meine Leute würden nie das Bild eines anderen berühren. Wenn aber mein Bild im Kasten ist, können böse Menschen mich sehen und mich verfluchen. Ich werde den Fluch durch das Bild meiner Seele spüren und vielleicht krank werden und sterben.»

«Oh nein, Ann. Das kann nicht passieren; das ist nur ein alter Aberglaube. Sieh dir doch all die Leute an, die im Fernsehen erscheinen. Sie haben keine Angst vor Bannflüchen und bösen Zaubern. Fernsehen funktioniert nicht auf diese Art. Du kannst es abstellen und die Leute einfach verschwinden lassen, aber deswegen sterben sie nicht.»

Ich mußte zugeben, daß es den Frauen und Männern in dem Kasten nicht das geringste auszumachen schien, sich fremden Leuten zu zeigen. Ich vertraute

Diana, und trotzdem verschaffte es mir ein unbehagliches Gefühl, zu wissen, daß ich auf dem Film war. Mein ganzes Leben lang hatte ich gelernt, daß persönliche Bilder verletzlich sind. Am Ende stellte sich heraus, daß diese Lehren nicht korrekt gewesen waren, obwohl natürlich niemand wissen konnte, was letztlich aus meinem Erscheinen auf den Fernsehschirmen herauskommen würde – Diana nicht, ich nicht und die weiseste Priesterin meines Mutterlandes nicht.

Alles, was ich in diesem neuen Land erlebte, war eigenartig. Doch das Eigenartigste von allem begann nach dem Erscheinen von Dianas Buch.

KAPITEL 7

Ich lebte schon mehr als ein Jahr in Dianas Haus, als sie ihr Buch begann. An den Tagen, die sie zu Hause verbrachte, unterhielten wir uns. Ich lernte, und sie schrieb. Sie arrangierte weitere Sitzungen mit Sprachkundlern, denen ich meinen «Gedankenlese-Trick» vorführen sollte, und jeder unterschrieb ein Papier, in dem meine Fähigkeit beschrieben war. Ich versuchte zu erklären, daß es nicht darum ging, die Gedanken, sondern die Sprache zu lesen, denn ich konnte die Gedanken der anderen nur verstehen, wenn sie gesprochen wurden. Später kam mir der Verdacht, daß meine Fähigkeit nachließ, je mehr ich die Gedanken der anderen mit den Augen zu lesen versuchte.

Trotzdem gelang es mir, viele seltene, alte und fremde Sprachen richtig zu interpretieren, die mir von allen möglichen Leuten vorgetragen wurden. Darunter waren Vertreter von Rassen, die ich in meinem eigenen Land nie gesehen hatte: gelbhäutige Menschen mit dunklen, mandelförmig geschnittenen Augen; kupferhäutige Menschen mit glattem, schwarzem Haar; Menschen aus einem weit entfernten Land namens Afrika, deren Haut beinahe so schwarz war wie mein Altersstein. Manchmal sah ich solche Leute auf der Straße, wo sie ganz selbstverständlich ihren Platz zwischen den gewöhnlicheren Hautfarben einnahmen, und deren Träger wiederum schienen nichts Ungewöhnliches darin zu sehen.

Ich verlor meine Angst vor den verlassenen Straßen. Ich ging jeden Tag hinaus, um zu laufen, so wie unsere Jugendlichen in den Hügeln über meinem Dorf gelaufen waren, um sich fit zu halten. Ich sehnte mich nach einem Pferd. Diana sagte, Pferde seien in ihrer Gegend nicht erlaubt. Dafür kaufte sie mir ein Fahrrad und brachte mir bei, darauf zu fahren. Das war schön! Auf diesem herrlich leichten silbernen Flitzer war ich fast so schnell wie auf meiner Windsbraut in vollem Galopp.

Ich lernte, mit dem Fahrrad zum Einkaufen zu fahren und die Lebensmittel in dessen Gepäckträger nach Hause zu transportieren. Ich lernte, Geld zu zählen und es gegen Waren einzutauschen. Ich lernte, mich anzuziehen, zu kochen, Straßenschilder zu lesen und nach dem Weg zu fragen, genauso wie Dianas Leute.

Obwohl ich all diese fremden Bräuche kopierte und Diana liebte wie eine zweite Mutter, blieb mein Herz schwer vor Heimweh. Immer wieder fragte ich mich, was meine Schwestern wohl machten und ob die Griechen erneut in unser Land eingefallen waren.

Als Dianas ältere Schwester Dora, die in einer vierzig Meilen entfernten Stadt lebte, uns zum Essen einlud, lernte ich zum ersten Mal andere Mitglieder ihrer Familie kennen. Dora und ihr Mann Elwood waren Jeffs Eltern. Diana schärfte mir ein, ihnen nicht zu erzählen, daß ich

Jeff kannte, weder als Arzt noch «in anderer Hinsicht», wie sie sich ausdrückte. Außerdem sollte ich nichts von meiner Heimat oder meinem früheren Leben erzählen. «Ich liebe Dora von Herzen», sagte sie, «aber die arme Frau ist furchtbar konventionell. Alles, was ungewöhnlich ist, regt sie auf, und du bist nun mal sehr ungewöhnlich. Sie würde dich überhaupt nicht verstehen. Und was Elwood anlangt» – lachte sie in sich hinein – «so wirst du ihm wohl einen Riesenschreck einjagen, ohne es zu wollen.»

Ich versprach, vorsichtig zu sein, um Dianas willen, aber auch, weil ich mit den sozialen Gepflogenheiten immer noch nicht zurechtkam. Ich wußte nie, wann ich etwas tat oder sagte, das taktlos oder unhöflich war. Wenn ich mit anderen Leuten als Diana zusammen war, hörte ich im allgemeinen nur zu und beobachtete sie.

Dummerweise machte ich den ersten Fehler, gleich als ich Dora und Elwood vorgestellt wurde. Ich zeigte mich erstaunt darüber, daß Doras eigene Blutsschwester einen anderen Clannamen hatte als sie. Ich wußte, daß Dianas zweiter Name Foster war, aber Dora hieß mit Nachnamen Case.

«Das ist natürlich Elwoods Name», erklärte Diana leise. »Verheiratete Frauen verzichten im allgemeinen auf den Namen ihres Vaters und nehmen den ihres Mannes an. Ich bin wieder zu dem unseres Vaters – Doras und meines Vaters – zurückgekehrt, als ich mich scheiden ließ.»

«Aber wo ist der Name des Mutterclans?» rief ich befremdet.

«Den gibt es nicht», antwortete Diana.

Währenddessen wechselten Dora und Elwood verwirrte Blicke, was mich noch konfuser machte. Ich verstand einfach nicht, wie ein Volk in seiner Nomenklatur die entscheidende Blutsverbindung der mütterlichen Abstammung einfach unterschlagen konnte. Während ich mich noch von meiner Überraschung erholte, eilte Dora hektisch zwischen Küche und Wohnzimmer hin und her, um uns etwas zu trinken, Dips, Obst, kleingeschnittenes Gemüse und Toasts, belegt mit Würstchen und Käse, zu bringen. Sie nahm ihre Pflichten als Gastgeberin sehr genau.

Elwood war anders als die älteren Männer, die ich in meinem eigenen Land gekannt hatte, deren runzligen und von Wind und Wetter gegerbten Gesichtern man das aufreibende Leben im Freien ansah. Unter dem fast kahlen Kopf erschien Elwoods rundes, glänzendes Gesicht mit den schweren Lidern ungerührt und selbstgefällig. Er wirkte jünger als Dora, obwohl Diana mir erzählt hatte, daß er mehrere Jahre älter sei. Er streckte mir eine fleischige Hand entgegen, die sich anfühlte wie ein Pudding.

Dora war ein wenig untersetzter, dicker und grauhaariger als ihre jüngere Schwester, doch in ihren Zügen spiegelte sich noch immer eine auffällige Ähnlichkeit mit ihr. Dafür fehlte ihr Dianas Ausgeglichenheit. Ständig fuhrwerkte sie mit Schälchen, Tellern, Servietten, Eiszange und irgendwelchen Sachen auf Tabletts herum. Sie achtete kaum auf die Unterhaltung, sondern sprang immer wieder auf und lief in die Küche, um neue Snacks zu holen.

Im Gegensatz zu ihr saß Elwood ruhig da und ließ sich von seiner Frau bedienen. Mit den Worten: «Noch einen Eiswürfel, Liebes» reichte er ihr sein Glas, und sie sorgte dafür, obgleich der Eiskübel in seiner Reichweite stand. Sie rückte die Schalen näher an ihn heran, damit er sich nicht vorbeugen mußte. Sie drängte ihm ein Kissen für den Rücken, noch einen Toast oder eine andere

Weinsorte auf. Wenn es ihm einfiel, ihr ins Wort zu fallen, was häufig vorkam, verstummte sie sofort.

Ich fand es wirklich sehr merkwürdig, zu sehen, wie eine Frau einen gesunden, ausgewachsenen Mann bemutterte, als sei er ein kleines Kind oder ein außergewöhnlich hilfloser Krüppel.

Elwood richtete die meisten Bemerkungen an Diana, die ihn zu stimulieren schien. Dora gab er nur freundliche Befehle, wie ein gönnerhafter König seinem eifrigen Lakaien. Wenn sie überhaupt den Mund aufmachte, dann nur, um uns zu erzählen, was Elwood von bestimmten Dingen hielt. Sie sprach nie davon, was sie dachte.

«Ich habe gehört, daß Sie eine von diesen Body-Building-Fanatikerinnen sind», sagte Elwood zu mir. «Aber ich muß sagen, Sie sind viel hübscher, als ich mir vorgestellt hatte. Ich dachte schon, die alte Di hätte irgendein fürchterlich häßliches, pickeliges, hohlwangiges Wesen aufgenommen, das mit Männern umspringt, als seien es Kegel. Gott sei Dank hab ich es nicht nötig, mich zu verteidigen, ha ha. Jedenfalls sehen Sie ganz anders aus. Hab ich nicht recht, Dora?»

«Ja, Liebster», sagte Dora und steckte im Eiltempo Zahnstocher in die Käsewürfel.

«Ich habe keinen Grund, so mit Leuten umzuspringen», sagte ich.

«Ich mache mir grundsätzlich nichts aus muskulösen Frauen», fuhr Elwood fort, als hätte ich gar nichts gesagt. «Ich finde das unweiblich, wissen Sie. Aber manche von den Mädels in der Fitness-Center-Werbung im Fernsehen sind trotzdem ziemlich attraktiv. Stimmt's, Dora?»

«Ja, Liebster», sagte Dora.

«Elwood, du wirst schon wieder dogmatisch», sagte

Diana mit entwaffnendem Lächeln. «Wie wär's, wenn du Ann deine Rosen zeigen würdest, während Dora und ich den Tisch decken?»

Ich sah, daß sie damit den richtigen Nerv bei Elwood getroffen hatte. Ganz offensichtlich hielt er sich für einen Meister unter den Rosenzüchtern. Er führte mich durch seinen Garten und zeigte mir die verschiedenen Rosenstöcke. Dabei hielt er mir einen lehrreichen Vortrag, den ich mit Fragen nicht unterbrechen durfte. Die Blumen standen in voller Blüte und waren wirklich sehr schön.

Während des Essens fiel mir auf, daß Diana und Elwood sich ständig gegenseitig aufzogen. Nach außen hin klang es freundlich, doch der scharfe Unterton entging mir nicht. Diana konnte ihn nicht ausstehen; sie ertrug ihn nur ihrer Schwester zuliebe. Elwood dagegen mochte Diana, wenn sie ihm auch ein wenig Angst einjagte. Ich hatte den Eindruck, daß er ihre Gesellschaft mehr genoß als die seiner pflichtbewußt um ihn herumflatternden Frau. Dabei verhehlte er nicht, daß er Dianas Scheidung mißbilligte.

«Diana ist viel zu unabhängig. Das ist nicht gut für sie», sagte er zu mir. «Sie ist der Rebell in der Familie, das schwarze Schaf sozusagen. Von Tag zu Tag klingt sie mehr wie eine von diesen verrückten, männerhassenden Feministinnen.»

«Feministinnen sind nicht verrückt und hassen auch die Männer nicht», sagte Diana. «Sie wollen einfach nur denselben Respekt, die Würde, Anerkennung und materielle Entschädigung für ihre Arbeit, die die Gesellschaft den Männern zubilligt.»

Elwood schnaubte verächtlich. «Gib's auf, Di. Das ist unmöglich. Es widerspricht der natürlichen Ordnung.»

Da mischte ich mich ein. «Die natürliche Ordnung

ist, daß Frauen alles menschliche Leben geben und erhalten und deshalb als Schöpferinnen verehrt werden. Selbst die Tiere erkennen dieses Gesetz der Großen Mutter an.«

Elwood warf mir einen durchbohrenden Blick zu. »Oho, was haben wir denn da? Zu dieser Sorte Frau gehören Sie also, wie? Entschuldigen Sie, junge Dame, aber solange Sie an meinem Tisch sitzen, werden Sie Ihre Zunge hüten, danke. Dora, du weißt doch, daß ich diese Gürkchen nicht mag. Hol mir die eingelegten Maiskolben, wenn es geht.«

Dora stand sofort auf und ging in die Küche.

Ich sagte: »Ist es nicht auch ihr Tisch?«

»Nein, ist es nicht«, fauchte Elwood. »Er wurde von mir gekauft und bezahlt, genauso wie alles andere in diesem Haus. Manche von euch Weibern lernen wirklich nie, ihren Vorteil wahrzunehmen.«

»Manche von uns ziehen es vor, unseren Vorteil selbst zu definieren«, antwortete Diana. »Sag mal, Elwood, hast du eigentlich den Artikel über diesen berühmten Rosengarten im Geographic vom letzten Monat gesehen?«

Eifrig stürzte er sich auf sein Lieblingsthema. Währenddessen sagte ich mir, daß ich Dora und Elwood beide ziemlich erstaunlich fand. Nie hätte ich mir eine solche Beziehung zwischen zwei erwachsenen Menschen vorstellen können. Beide schienen unvollständig, als brauchten sie den anderen als Ergänzung, um ein Ganzes zu bilden, und selbst dann ergab ihre Summe keine abgerundete Persönlichkeit.

Auf dem Heimweg erzählte ich das Diana.

»Ich weiß, was du meinst«, sagte sie. »Ich würde mich wahrscheinlich nicht mit ihnen abgeben, wenn Dora nicht meine Schwester wäre. Aber sie und Jeff sind sozusagen die einzigen Angehörigen, die ich habe. Selbst ohne unser Bewußtsein von der Mutterblut-Verbindung, von der du sprichst, bedeutet die Familie noch etwas. Dora ist eine gute Frau, eine Seele von Mensch. Als wir Kinder waren, sorgte sie für mich wie eine Mutter. Heute würdest du es nicht glauben, aber sie war ein Wildfang mit einem schrecklichen Dickkopf. Als sie im achten und ich im zweiten Schuljahr war, fing einer der großen Jungs an, mich zu schikanieren. Dora erwischte ihn auf dem Spielplatz und verprügelte ihn. Wirklich. Sie schlug ihm die Nase blutig und schickte ihn nach Hause. Von da an ließ er mich in Ruhe. Ein paar Jahre später war ihre Stärke verbraucht oder unterdrückt, und sie wurde das, was man ‹weiblich› nennt. Vielleicht hat sie übertrieben und ist insgesamt zu nachgiebig geworden. Aber das Wenigste, was ich für sie tun kann, ist, ihren selbstgefälligen Ehemann zu ertragen.»

«War dein Ehemann auch so?»

«Nein. Er war einfach nur selbstsüchtig. Alles ging gut, solange ich ihn genug liebte, um ihn für den Mittelpunkt der Welt zu halten. Aber als ich dann irgendwann meine eigene Mitte suchte, kam er damit nicht klar. So ging die Ehe in die Brüche.»

«Was ihr Patriarchat nennt, scheint die Männer eher kindisch zu machen als wirklich mächtig.»

«Da sagst du was, Ann. Mittlerweile haben sie Angst, daß die Frauen keine Lust mehr haben, sie zu bemuttern.»

«Aber für eine Mutter ist es ganz natürlich, daß sie aufhört, sich um Männer zu kümmern, wenn sie mit ihren Kindern beschäftigt ist. Die Kinder haben Vorrang. Das wissen sogar die Tiere, einschließlich männlicher Tiere. Warum sollten sich erwachsene Männer bemuttern lassen? Sie sollten lieber versuchen, selber mütterliche Gefühle zu entwickeln, verantwortlich für sich selbst und auch für die Kinder zu sein.»

«Manche können das wohl. Nur vielleicht nicht alle. Doch über solche Dinge spreche ich mit Dora nicht. Sie scheint mit dem zufrieden, was sie hat.»

«Vielleicht ist er ein besonders guter Liebhaber?» meinte ich listig.

Diana lachte und klopfte mir aufs Knie. «Du entwickelst allmählich Humor, Ann.»

«Benehmen sich alle verheirateten Männer in diesem Land wie Elwood?»

«Nein, ganz und gar nicht. Aber die meisten würden es wohl gern, wenn man sie ließe. Elwood ist kein schlechter Mensch. Seine Selbstgefälligkeit ist teilweise Doras Fehler. Sie hat ihn mit ihrer Nachsichtigkeit eben verwöhnt.»

«Warum?»

«Das kann ich dir nicht sagen, Ann. Es ist eben Teil der Kultur. Frauen wachsen häufig auf in dem Glauben, daß eine ‹gute› Ehefrau auf jede Laune ihres Mannes eingehen muß. Das ist das Ideal, das beiden Geschlechtern vorgehalten wird. In der Praxis funktioniert es natürlich nur selten. Trotzdem wird Frauen eingetrichtert, daß sie sich schuldig fühlen müssen, wenn sie dem Ideal nicht entsprechen. Dora war immer sehr gewissenhaft, daher hat sie alles versucht, um eine dieser ‹guten› Ehefrauen zu sein.»

Ich hatte den Eindruck, daß Diana die Sache noch nie so gründlich durchdacht hatte wie in diesem Augenblick. Sie brachte hier Ideen zum Ausdruck, die ziemlich neu waren, selbst für sie. Meine Sicht von meiner Heimat und ihren Sitten schien ihr eine andere Perspektive für ihre eigene Kultur zu vermitteln. Das wurde später auch in ihrem Buch deutlich.

Dr. Ellens Hinweisen folgend erforschte Diana die Geschichte der Amazonen am Schwarzen Meer. Es gab nicht viel Informationen darüber, nicht mal in den vielen Büchern aus der Bibliothek, so alt und vergessen war die Geschichte. Es fiel mir schwer zu glauben, daß die Mutter mich in diese seltsame, mangelhafte Welt versetzt haben sollte, die so viele Jahrhunderte nach meiner eigenen Zeit begonnen hatte und von Männern beherrscht wurde. Auch Diana fand dies unmöglich, doch ihre Skepsis geriet ins Wanken, als sie meine Beschreibungen hörte. Alles, was ich sagte, entsprach den Informationen in den Büchern oder ergänzte sie. Diana wußte, daß ich die Bücher nicht vorher gelesen und daraus Geschichten erfunden haben konnte. Sie vertraute auf meine Ehrlichkeit.

Ich erzählte ihr, daß das Wort Amazone große Ähnlichkeit mit dem Ausdruck für «das Volk» in meiner eigenen Sprache hatte.

«Manche glauben, es bedeutete ‹Mondfrau›», sagte Diana. »Andere dagegen, daß es eine Bezeichnung für ‹die Brustlose› ist, denn in einer alten Geschichte heißt es, die Amazonen hätten sich die rechte Brust abgeschnitten, um den Bogen richtig spannen zu können.»

«Unsinn», sagte ich. «Keine Clanschwester würde sich ihre Brust abschneiden. Sie braucht sie für ihre Babys. Außerdem hindert einen die Brust nicht daran, den Bogen zu spannen. Manchmal aber verstümmelten unsere Feinde die Leichen gefallener Kriegerinnen auf diese Art, damit sie unvollständig in den Erdschoß eingingen und unvollständig wiedergeboren würden. Das war ein Racheakt. ‹Mondfrau› ist ein Name, der dem für ‹das Volk› sehr ähnlich ist, denn jeder weiß, daß Menschen aus dem Mondblut gemacht sind, das uns die Mutter geschenkt hat. Jeden Monat, wenn das Blut über uns kommt, können wir ihr klares Gesicht im Mond sehen.»

Die lange, strenge Zeit des Lernens und Arbeitens

half mir dabei, mich an Dianas Welt zu gewöhnen, doch all das änderte sich, als ihr Buch herauskam.

Es hatte den Titel *Amazone* und wurde über Nacht zum Erfolg. Plötzlich, so sagte Diana, war sie eine Berühmtheit, statt irgendeine unbekannte Journalistin. Ein Sturm von Entrüstung, Kritik und Publicity brach über uns herein.

Manche behaupteten, daß Diana Lügen über mich verbreitete, oder daß ich sie belogen hätte; entweder war ich auf sie hereingefallen oder sie auf mich. Manche nannten das Buch ein feministisches Hirngespinst oder einen Witz. Diana und ich wurden als gerissene Lesben beschimpft, als zwei Verrückte oder Wesen von einem anderen Stern. Manche Kritiker erinnerten an einen berühmten Wiedergeburtsschwindel vor ein paar Jahrzehnten – den Bridey-Murphy-Fall.

Andere aber nahmen das Buch ernst, obwohl sie einräumten, daß seine unausgesprochene Voraussetzung von einer Zeitreise unmöglich schien. Die unterschiedlichsten Theorien über meine Situation wurden aufgestellt. Prominente Psychiater boten sich an, meinen Geisteszustand zu überprüfen. Wir erhielten viele Anfragen für öffentliche Demonstrationen meiner Sprachlesefähigkeit, die von den Leuten hartnäckig als Gedankenlesen bezeichnet wurde. Ganz gleich, was die Leute über Dianas Buch dachten – sie kauften Unmengen davon.

Dies wiederum sorgte für einen ebenso großen Erfolg für mein Videotape *Amazonentraining,* auf dem ich das Kostüm trug, das Diana für mich genäht hatte, und mein Schwert schwang. Erstaunlich viele Leute boten die unglaublichsten Summen für mein Schwert, mehr Geld, als ich mir vorstellen oder zählen konnte. Modeschöpfer fingen an, •Amazonenröckchen• zu entwerfen und herzustellen, mehr als vierzigmal so teuer wie das, was Diana für die paar Fetzen Stoff ausgegeben hatte. »Amazonenamulette« in kleinen Lederbeuteln wurden im ganzen Land für sechzig Dollar pro Stück angeboten. Die Händler verdrei- und vervierfachten ihren Preis für Quartz, Karneole, Magnetite und Tigeraugen, und trotzdem waren sie ständig ausverkauft.

Meine eigentliche Einführung in den bizarren Status des Bekanntseins in dieser Welt fiel mit der Einladung zusammen, an der prominenten Fernseh-Talk-Show von Billy Bob teilzunehmen. Die Sendeanstalt, so erklärte mir Diana, würde uns Flugtickets erster Klasse und eine Ausnahmebewilligung der Fluggesellschaft für den Transport meines Schwertes schicken. Man würde uns in einem Hotel in einer großen Stadt unterbringen, uns bewirten, interviewen und feiern. Hörte sich nach Abenteuer an.

Ich hatte noch nie eine große Stadt gesehen, außer im Fernsehen. Ich war noch nie in der Nähe eines Flugzeugs gewesen, obgleich die ersten Dinge, die ich in dieser Welt gesehen hatte, die augenähnlichen Scheinwerfer eines Flugzeugs gewesen waren. Gelegentlich sah ich welche, wenn sie am Himmel entlangzogen wie hochfliegende Vögel, und natürlich hatte ich sie auch schon im Fernsehen gesehen. Aber selbst zu fliegen, über die Erde erhoben zu werden wie auf den Schwingen eines Adlers – das war aufregend! Dutzendmal am Tag fragte ich die arme Diana, wie es wohl sein würde, selbst zu fliegen.

Als der verabredete Tag kam, fuhren wir einen weiten Weg, bis wir am Flughafen ankamen. Und dort standen sie: echte Flugzeuge! Ich war überrascht, wie groß sie waren. Riesige Häuser aus Metall mit gigantischen Schwingen, die sich rechts und links ausbreiteten wie Felder. Ich konnte nicht glauben, daß diese riesigen Dinger sich tatsächlich in die dünne Luft erheben sollten.

Als wir im Flughafen warteten, sah ich zu, wie sie starteten und landeten. Sie schwangen sich in die Luft und kehrten sicher zur Erde zurück, obwohl das vollkommen unmöglich schien. Diana mußte mir erklären, wie die Luft für den Auftrieb unter den Tragflächen sorgte, und daß man ein Flugzeug steuern und kontrollieren konnte – und dennoch erschien es mir unglaublich.

Als das Paket mit meinem Schwert durch die Bildmaschine gefahren war, hielt uns ein Sicherheitsbeamter an. «Ist das eine Waffe?» fragte er. «Das ist keine Waffe», antwortete Diana. «Es ist ein sehr kostbares antikes Werkzeug, ein Museumsstück.» Sie hielt ihm die Sondergenehmigung unter die Nase, und der Beamte sagte nichts mehr. Wir gingen mit dem Schwert weiter zu dem wartenden Flugzeug.

Diana überließ mir den Platz am Fenster, von wo aus ich das erstaunlichste Spektakel beobachtete, das sich dem menschlichen Auge bieten kann, denn es war sicher nicht dazu bestimmt, mitanzusehen, wie die feste Erde unter einem wegfällt, wenn man sich wie ein Vogel in die Luft erhebt. Wie oft hatten meine Clanschwestern und zuvor unsere Urahninnen seit Anbeginn der Welt die Vögel beobachtet und sich danach gesehnt, es ihnen gleichzutun! Es gab Priesterinnen, die behaupteten, unsere ehrwürdigen Alten würden als Vögel wiedergeboren, deshalb könne der Flug der Vögel uns Aufschluß über unsere Zukunft geben. Wir alle hatten uns nach einem neuen Leben in Vogelgestalt gesehnt. Jetzt erlebte ich tatsächlich etwas in der Art, und dennoch besaß ich meinen menschlichen Körper, saß in einem bequemen Sessel und stieg in einem fliegenden Haus zum Himmel auf.

Das Flugzeug flog höher als die Vögel, noch höher sogar als die Wolken. Ich sah hinunter auf die langsam dahinziehenden Inseln, Berge, Schneefelder und sich auftürmenden Wolkengebilde, die mir so stabil wie Gletscher erschienen. In der dunstigen blauen Tiefe dazwischen konnte ich die Erde erkennen, Wälder voller Bäume, die aus der Entfernung wie ein Moosteppich aussahen. Hier saß ich, im fernen, leuchtenden Reich der Himmelsgöttin, einem Reich, das menschlichen Wesen für immer verwehrt schien, einem Reich, das nicht einmal von den höchsten Bergen berührt wurde. Doch wenn ich mich umschaute und die Gesichter der Mitreisenden musterte, sah ich, daß sie dieses Wunder ganz unbewegt hinnahmen. Nur wenige blickten aus dem Fenster. Diana saß ruhig neben mir und las.

Eine Stewardess kam und bot uns zu essen und zu trinken an. Sie wäre sehr hübsch gewesen, hätte sie nicht ihr Gesicht in unnatürlichen, gräßlichen Farben bemalt. (Ich konnte mich einfach nicht an das Make-up der Frauen hier gewöhnen.) Sie sah mich an und zögerte.

«Sind Sie nicht Ann Tyapay, die Amazone?» rief sie aus. «Und Sie müssen Diana Foster sein», setzte sie, an Diana gewandt, hinzu. «Ich habe Sie nach dem Bild auf Ihrem Buch erkannt. Ich freue mich sehr, Sie beide kennenzulernen. Sie haben etwas Wunderbares für die Frauen getan.» Sie schüttelte erst mir, dann auch Diana die Hand. «Sie bedeuten mir sehr viel. Ich heiße Charlene. Wenn ich Ihnen mit irgend etwas behilflich sein oder sonst etwas für Sie tun kann, lassen Sie es mich bitte wissen.»

Sie ging wieder weg und erzählte den anderen Stewardessen von uns, und alle kamen, um uns zu unseren Veröffentlichungen zu beglückwünschen. Drei von ihnen baten um ein Autogramm, und ich war stolz, meinen Namen so schreiben zu können, wie Diana es mich gelehrt hatte. Zum ersten Mal begriff ich, was Diana gemeint hatte, als sie sagte, allein eine detaillierte Beschreibung einer nicht-patriarchalischen Zivilisation würde vielen Frauen in diesem Land die Möglichkeit einer neuen Philosophie menschlichen Verhaltens eröffnen – eine, von der sie bisher nicht einmal zu träumen wagten, da sie keine Vorbilder besaßen. Und jetzt waren sie dankbar.

Als wir über der großen Stadt zum Landeanflug ansetzten, war ich erneut verblüfft. Ich konnte nicht glauben, daß von Menschen erbaute Gebäude derart hoch in den Himmel aufragten. Zuerst hielt ich sie für seltene natürliche Formationen, doch dann fielen mir ihre abgezirkelte, rechteckige Form und ihre scharfen Kanten auf. Als nächstes sah ich, daß sie Fenster besaßen. Menschen lebten in diesen schwindelerregenden Türmen, diesen titanischen Säulen, diesen mit Speerspitzen gespickten Schäften. Und so viele! Selbst die großen Tempel von Themiskyra hätten sich unter ihnen verloren. Die Stadt war größer als alle Anhäufungen von menschlichen Behausungen, die ich oder meine weisesten Vorfahrinnen sich je hatten träumen lassen.

Später fuhren wir mit einem Taxi durch die Straßen dieser Stadt. Ich sah von unten zu den Gebäuden hinauf und fand sie noch überwältigender als vorher. Wie konnte das sein? Ich wußte, daß es unmöglich war, Steinmauern in solcher Höhe zu bauen. »Was hält sie zusammen?« fragte ich Diana. Sie erklärte mir, sie würden durch Stahl zusammengehalten, einer magischen Umwandlung des magischen Eisens, das mein Volk gerade erst entdeckt hatte.

Das Hotel war ein Palast, schöner als der herrlichste Tempel, und verfügte über einen großen zentralen Saal, dessen Dach zehn Stockwerke über dem Boden schwebte. Die Aufzüge bestanden aus Glas, so daß man beim Hinauf- und Herunterfahren hinaussehen konnte. Wir bekamen ein großes Zimmer mit Teppichen, die sich anfühlten wie Matratzen, und Matratzen, auf denen man lag wie auf Wolken oder Federn. Jedes der beiden Betten war groß genug für sechs Personen. Auf allen Tischen standen Vasen mit frischen Blumen. Das riesige Badezimmer hatte eine quadratische, in den Boden eingelassene rosafarbene Wanne mit Spiegeln und ein passendes Bidet. Ich hatte noch nie ein Bidet gesehen. Diana erklärte mir, wie es benutzt wird. Ich fand die Idee so praktisch, daß ich mich fragte, warum es nicht in allen Badezimmern Bidets gab.

Schiebetüren aus Glas führten auf einen Balkon, von wo man einen Blick auf die ganze Stadt hatte. Als es Nacht wurde, stand ich wie verzaubert da und betrachtete die unzähligen Lichter. Eine sternenübersäte Wildnis, die mir zu Füßen lag. Die Stadt war so schön, daß mir Tränen in die Augen stiegen. Ich machte meinen Koffer auf und nahm meine Joggingsachen heraus. Als ich die Laufschuhe anzog, fragte Diana: «Gehst du weg?»

«Ich will ein bißchen laufen in dieser wunderbaren Stadt», sagte ich. «Dort drüben habe ich eine dunkle Gegend mit Bäumen gesehen. Sieht aus, als sei sie wie geschaffen zum Laufen.»

«Nein, Ann. Nach Einbruch der Dunkelheit ist die Stadt kein guter Ort zum Laufen. Du weißt nicht, welche Straßen sicher sind. Banden von raubgierigen Männern lungern manchmal bei Nacht dort herum. Wenn sie dich allein entdecken, könnten sie auf die Idee kommen, dich zu vergewaltigen oder sogar zu töten.»

«Aber du weißt doch, daß ich kämpfen kann», antwortete ich überrascht.

«Ja, aber gegen Kugeln oder ein halbes Dutzend Männer auf einmal kommst du nicht an. Erinnere dich, was passiert war, ehe ich dich fand. Die Männer in dieser Stadt tragen Schußwaffen wie der von damals. Du willst doch nicht, daß wieder einer auf die Idee kommt, dich anzugreifen. Diesmal könnte er dich umbringen.»

Die funkelnden Lichter der Stadt erschienen mir mit einem Mal trübe. Trotz ihrer Pracht lauerten da unten also Männer, die Frauen haßten. «Und Frauen ertragen das alles und bleiben nach Einbruch der Dunkelheit im Haus, so daß die Männer die Straßen für sich haben?»

«Die meisten ja», antwortete Diana, «bis auf die, die in Gruppen ausgehen. Frauen, die im Dunkeln allein durch die Straßen gehen, werden im allgemeinen mit Prostituierten verwechselt.»

«Was sind Prostituierte?»

«Frauen, die ein gefährliches Leben führen.» Sie erzählte mir von diesen Frauen, die Männer in ihren Körpern masturbieren ließen und für sich keinerlei sexuelle Befriedigung, sondern nur Geld forderten. Manchmal gestatteten sie den Männern sogar, sie gegen Bezahlung zu mißhandeln. Den größten Teil ihres Geldes aber händigten sie anderen Männern aus, die Zuhälter hießen und sie bedrohten oder schlugen, wenn sie nicht taten, was sie wollten.

Da ich aus einer Kultur stammte, in der sexuelles Sklaventum nicht einmal vorstellbar war, bewegte mich das Leid dieser Frauen sehr. «Aber sind die Männer in dieser Stadt denn so schlechte Liebhaber, daß sie Frauen bezahlen müssen, um akzeptiert zu werden? Wissen sie nicht, wie man Frauen dazu bringt, einen zu begehren?»

Diana lachte. «Viele wissen es nicht», sagte sie. «Und manchen ist es vielleicht einfach zu lästig. Andere haben merkwürdige sexuelle Gelüste, die ihnen peinlich sind. Auf alle Fälle wird Prostitution das älteste Gewerbe der Welt genannt, weil es seit langer langer Zeit besteht.«

«In meiner Zeit bestand es nicht», gab ich zurück. «Warum tun sich die Prostituierten nicht zusammen und verjagen die Zuhälter, die sie so schlecht behandeln?»

«Sie glauben einfach nicht daran, daß Frauen sich gegenseitig beschützen können. Sie haben Angst, daß sie ihr einziges Auskommen verlieren.»

Wie schrecklich war es für die Frauen in dieser Welt, wenn sie die Mutter verloren!

Diana fand heraus, daß das Hotel über eine überdachte Rennstrecke, eine Turnhalle, eine Sauna, einen Swimming-pool und andere Annehmlichkeiten dieser Art verfügte. Dort absolvierte ich mein abendliches Trainingsprogramm. Anschließend genehmigten wir uns ein herrliches Abendessen und gingen zu Bett. Ich war erschöpft von so vielen neuen und aufregenden Eindrücken, doch ich konnte nicht schlafen. Die ungewohnten Geräusche der Stadt hielten mich noch lange wach. Ich wartete darauf, daß der Verkehrslärm in den Straßen nachließ, doch das war nicht der Fall.

Als wir am nächsten Morgen auf dem Balkon saßen und frühstückten, klingelte das Telephon. Unsere Kontaktperson der Sendeanstalt war im Foyer. Diana lud sie ein, heraufzukommen. Es war eine junge Frau in schwarzer Lederkluft mit krausem Haar und riesigen Ohrringen, die ihr bis auf die Schultern baumelten. Unter dem Arm trug sie ein rotes Notizbuch.

«Ich bin Jackie, Billy Bobbs Scout», sagte sie. «Ich muß Billy Bobb auf die Sendung vorbereiten. Die Show wird heute abend stattfinden, also braucht er das Skript bis nachmittags.» Sie nahm eine Tasse Kaffee an, machte es sich mit Bleistift und Notizbuch in ihrem Sessel gemütlich und sagte: «So Diana, dann erzählen Sie mir doch mal was über Ihr Buch.»

Diana wirkte überrascht. «Wenn Sie der Scout sind, müssen Sie es doch gelesen haben.»

Jackie kicherte. «Oh nein. Scouts lesen keine Bücher. Wir bekommen nur eine Zusammenfassung – den Kern, verstehen Sie? Billy Bobb möchte nichts Kompliziertes. Wenn Sie also die wichtigsten Gedanken in ein paar Sätzen zusammenfassen könnten...»

Dianas Gesicht wurde frostig. Ich kannte diesen Ausdruck. Sie war verstimmt. «Ich glaube nicht, daß man ein Sechshundert-Seiten-Buch in ein paar Sätzen zusammenfassen kann», sagte sie. «Besonders ein Buch wie dieses, das komplizierte Themen behandelt. Wir – Ann und ich – vergleichen unsere Zivilisation, also Ihre und meine, mit einer völlig anderen, in der sie aufgewachsen ist. Vieles daran erscheint unmöglich, deshalb habe ich mein Bestes getan, um es so ausführlich wie möglich zu dokumentieren.»

Jackie nahm einen Streifen Gummi aus ihrer Handtasche, wickelte ihn aus dem Papier und steckte ihn in den Mund. Heftig kauend wandte sie sich an mich und sagte: «Ich habe gehört, daß sie ein Video mit Ihren Übungen produziert haben. Wie unterscheiden sie sich Ihrer Meinung nach von Aerobic und ähnlichem Zeug?»

«Die Übungen sind Teil der täglichen Routine für Kriegerinnen in meinem Volk. Sie sind verwandt mit dem, was Sie Kriegskunst nennen.»

«Ach ja? Sie meinen, es ist so ähnlich wie Tai Chi?» Ohne meine Antwort abzuwarten, fuhr sie fort: «Aber wo ist Ihr Volk, Ann?»

«Diana glaubt, es könnten die Amazonen am Schwarzen Meer sein – gewesen sein.»

«Okay. Wer ist das?»

«Die Amazonen lebten im dritten oder zweiten Jahrtausend vor Christus in Kleinasien. Ähnliche Stämme mit ähnlichen Bräuchen gab es in Nordafrika, Galatien und anderen Gegenden», erklärte Diana.

«Was heißt vor Christus? Wollen Sie sagen, daß Ann von einem echt alten, primitiven Stamm abstammt?»

Diana seufzte. «Ich wünschte, Sie hätten das Buch gelesen. Wir glauben, daß sie möglicherweise direkt aus der Antike zu uns gelangt ist, obgleich diese These schwer zu akzeptieren ist. Sie verfügt über ein unglaubliches Sprachtalent, besitzt ein mehrere tausend Jahre altes Bronzeschwert und berichtet von einem Leben innerhalb einer matrilinearen, matrilokalen Gesellschaft.»

«Sie wissen ja sicher, daß wir solche Ausdrücke in der Sendung nicht benutzen können, es sei denn, sie werden erklärt», sagte Jackie. «Die Zuschauer würden sonst nicht verstehen, wovon Sie sprechen. Vergessen Sie nicht, wir haben es mit einem Massenpublikum zu tun. Billy Bobb würde sie auch nicht unbedingt verstehen, und dann könnte er auf die Idee kommen, daß Sie ihn lächerlich machen wollen.»

«Nichts liegt mir ferner, als Billy Bobb lächerlich machen zu wollen», sagte Diana zynisch.

«Mit anderen Worten, Sie behaupten, daß Ann aus der Antike gekommen ist, um Frauen beizubringen, wie sie sich mit bestimmten Übungen fit halten können?»

«Das ist noch lange nicht alles», sagte Diana. «Ann erzählt bemerkenswert zusammenhängend von einer Gesellschaft, die eine Große Göttin mit nur einer kleinen Ansammlung von untergeordneten männlichen Göttern verehrt, einer Gesellschaft, in der Priesterinnen die Tempel kontrollieren, Familienbande sich aufgrund der mütterlichen Abstammung definieren, aller Besitz von Frauen vererbt wird und Männer in die Häuser ihrer Frauen ziehen. Das ist die Bedeutung von ‹matrilokal›. Und weil die Amazonen von feindlichen Stämmen umgeben waren, die eine Art von Vatergott anbeteten und immer wieder versuchten, das Gebiet der Amazonen zu erobern, wurden die Mädchen zu Kriegerinnen ausgebildet, die Seite an Seite mit Männern kämpften, bevor man ihnen gestattete, Mütter zu werden.»

«Oh. Also waren es Leute, die nicht an Gott glauben.»

«Ja, das könnte man sagen.»

Jackie kritzelte eifrig in ihr Notizbuch, während Diana mir ein flüchtiges, bedauerndes Lächeln zuwarf. Dann fragte Jackie: «Ann, wären Sie bereit, einige Ihrer Übungen vor der Kamera zu demonstrieren?»

«Ja, wenn Sie möchten.»

«Okay, dann bringen Sie Ihr Kostüm mit. Das macht die Sache ein bißchen lebendiger. Billy Bobb hat es nicht gern, wenn zu viel geredet wird. Zeigen Sie mir doch mal Ihr antikes Schwert.»

Ich nahm es aus der Verpackung und zeigte es ihr. «Na ja, sehr schön ist es ja nicht gerade», meinte sie. «Haben Sie es selbst gefunden? Ich meine, ausgegraben?»

«Ich habe es nicht ausgegraben», sagte ich. «Einer unserer besten Schmiede hat es für mich gemacht.»

Jackie machte ein skeptisches Gesicht. «Ich bin wohl ein bißchen durcheinander. Wollen Sie sagen, daß dieses mehrere tausend Jahre alte Schwert speziell für Sie gemacht wurde?»

«Ja.»

«Dann müßten Sie aber ganz schön alt sein, oder? Sie sehen doch höchstens aus wie, na ja, dreiundzwanzig.»

«Ich bin fünfundzwanzig.»

«Aber wie konnten Sie dann...» Jackie brach ab und

legte ihren Stift hin. «Na schön, Ladies. Wie Sie meinen. Den Rest machen wir später klar. Gegen drei kommt Sie ein Wagen abholen.»

Diana nahm ein Exemplar ihres Buches aus dem Koffer und reichte es Jackie. «Ich weiß, daß Sie nicht viel Zeit haben werden», sagte sie. «Aber Sie würden unseren Standpunkt besser verstehen, wenn Sie ein kleines bißchen darin lesen könnten.» Jackie nahm das Buch mit spitzen Fingern an, als fürchtete sie, sich daran zu verbrennen. «Ich werd's versuchen. Aber meistens sind wir den ganzen Tag auf Trab, wissen Sie.»

«Das glaube ich Ihnen», sagte Diana lächelnd. Als Jackie gegangen war, fiel sie in ihren Sessel und lachte. «So was nennt man also Vorbereitung in dieser wunderbaren Fernsehwelt, Ann. Lieber Himmel! Dieses Abenteuer könnte sich als Reinfall erweisen. Aber jetzt stecken wir schon mittendrin, also müssen wir wohl oder übel durch, was?»

Im Studio herrschte ein Betrieb wie in einem Bienenkorb. Kein Mensch schien zu wissen, was wir dort suchten oder wohin wir gehörten. Zufällig liefen wir dann Jackie über den Weg, die uns wiedererkannte. Sie ging weg, um jemandem zu sagen, daß jemand anderes die Maske für uns bestellt hatte. Dann forderte sie mich auf, mein Kostüm anzulegen. Als ich mich umgezogen hatte, kam ein Mann in einem Kittel mit einem Tiegel voller fleischfarbener Paste und fing an, sie auf meiner nackten Haut zu verteilen.

«Was ist das?» fragte ich und wich zurück.

«Körper-Make-up, Schätzchen», sagte er. «Du willst doch nicht mit bloßer Haut vor die Kamera, oder?»

«Warum nicht? Es ist meine Haut. Ist nichts Falsches dran.»

«Sieht aber nicht gut aus unter den Scheinwerfern,

Kleines. Außerdem hast du zu viele Narben. Du willst doch nicht, daß sie von aller Welt gesehen werden, oder?»

«Es sind ehrenvolle Narben», beharrte ich und schob seine Hand fort.

«Na los, komm schon, ich mach doch bloß meine Arbeit», sagte er gereizt. «Wenn du wie ein gebrauchter Kaffeefilter vor der Kamera erscheinen willst, ist das deine Sache, aber ich hab hinterher den Ärger. Also mach mir keine Schwierigkeiten, in Ordnung?»

Ich zuckte die Achseln und ließ ihn machen. Trotz seiner schlechten Laune war er geschickt und sanft, als er die gefärbte Paste auf meiner Haut verrieb. Ich fing gerade an, die Sache zu genießen, als Billy Bobb in Begleitung von mehreren anderen Personen ins Zimmer kam. Diana hatte ihn mir im Fernsehen gezeigt. Er war klein, dick, verschwitzt und fuchtelte dauernd mit den Händen herum – ein Mensch, dessen übernervöse Art vollkommen dem entspannten Image widersprach, das er auf dem Bildschirm ausstrahlte.

«Ah, das ist also unser Fitness-Girl», sagte er. «Sehr hübsch. Sie werden uns also eine kleine Kostprobe Ihrer Übungen vorführen, stimmt's? Wenn Sie Musik brauchen, geben Sie Ihr Tape einfach unserem guten Ben hier, er wird sich um alles kümmern. Die Übungen sollen eine Form von Selbstverteidigung darstellen, stimmt's oder hab ich recht? Vielleicht versuche ich einfach Sie anzugreifen, und dann verteidigen Sie sich, alles klar? Prima. Ich habe gehört, daß Sie aus einem gottlosen Volk stammen, das eine Art Hexe verehrte.»

«Ihre Große Göttin ist alles andere als eine Hexe», mischte sich Diana ein. «Sie war die ursprüngliche Gottheit der Antike im prä-patriarchalischen Zeitalter. In den ältesten Mythen galt sie als Schöpferin der Welt.»

Billy Bobb zuckte erschreckt zusammen, warf Diana

einen raschen Blick zu und fragte einen seiner Assistenten: «Wo kommt die denn her?»

Jackie ging hastig dazwischen. «Das ist Diana Foster, Mr. Bobb, die Autorin des Buches.»

«Was für ein Buch?»

«*Amazone*, Sie wissen schon. Das Buch, über das Sie sprechen werden.»

«Ach ja, richtig. Haben Sie das Skript fertig, Schätzchen?»

«Ja, Sir, Mr. Bobb. Kommt sofort.»

An Diana gewandt sagte er: «Nichts für ungut, meine Liebe. Diana, stimmt's? Also dann, bis später.» Damit machte er kehrt und rauschte mitsamt seinem Hofstaat ab.

Diana verdrehte die Augen, und wir beide fingen an zu lachen. Ich prägte mir ein: Je öfter fremde Männer einen mit Kosenamen titulieren, um so weniger können sie einen ausstehen.

Die Kommunikation klappte auch während der kurzen Briefing-Session nicht viel besser. Billy Bobb schien uns immer mehr als betrügerisches Volk mit einer anti-biblischen (und daher dämonischen) Religion anzusehen. Trotzdem setzte er sich neben mich, strich mit der Hand über meinen Arm oder ein nacktes Bein und stieß mich in die Seite, wenn er einen Witz machte. Seine aufdringlichen, feuchten Finger waren überall zugleich. Schließlich legte er sogar den Arm um mich und fuhr mit der Hand in das Oberteil meines Bikinis, um meine Brust zu betatschen. Jeder im Raum sah betont woanders hin, nur Diana nicht, die mich amüsiert beobachtete.

Ich schob Billy Bobbs Hand weg und bog dabei seinen kleinen Finger nach hinten. Er schnappte nach Luft und wand sich vor Schmerz. Ich verstärkte den Druck. Jetzt kämpfte er verzweifelt darum, seine Hand zu befreien. Ich drückte noch einmal kräftig zu und ließ dann los. Er steckte die Hand in die Tasche und benutzte sie nicht wieder, beobachtete mich jedoch mißtrauisch aus dem Augenwinkel.

Die Fragen, die zu Dianas Hauptthesen führen sollten, wurden schriftlich festgehalten. Ich führte ein paar von meinen Übungen vor, die Billy Bobb auf «höchstens drei Minuten, Ende» beschränkte. Er war verstimmt, als ich sagte, ich bräuchte keine Musik. «Wir geben Ihnen trotzdem was zur Untermalung», erklärte er. «Das bringt ein bißchen Schwung in die Chose. Ich meine, wir wollen den Leuten doch nicht drei Schweigeminuten verpassen, was meinen Sie, Kleines?»

Es war eine Live-Sendung, und Diana machte ihre Sache sehr gut. Es war klar, daß Billy Bobb es darauf anlegte, sie aus der Fassung zu bringen oder sich über ihre Beschreibung der matriarchalischen Gesellschaft lustig zu machen, wo er nur konnte. Er versuchte, sie auf die Schippe zu nehmen, aber jedesmal, wenn Diana konterte, wirkte sie so ernsthaft und ihre Thesen so wissenschaftlich fundiert, daß sie einen viel glaubwürdigeren Eindruck machte. Nach einer Weile klang er eher niederträchtig als lustig. Er war intelligent genug, um es zu merken, und ärgerte sich.

Als er sich mir zuwandte, war er in Schweiß gebadet und unter seinem Make-up rot angelaufen. «Und jetzt zu Ann, der Amazone. Bitte erzählen Sie unseren Zuschauern, wie es ist, in einem Dorf zu leben, wo die Frauen kämpfen und Gott mißachten.»

«Erstens kämpfen die Frauen nicht allein», antwortete ich ihm. «Männer und Frauen ziehen gemeinsam in die Schlacht. Wenn nur die Männer kämpften, hätten wir nicht genügend geeignete Krieger, um unser Land zu verteidigen. Zweitens kennt unser Volk den Gott, den

Sie meinen, nicht. Wir beten die Mutter an, die alles Leben erschaffen hat. Sie ist in jedem Schoß auf Erden, im Wasser und in der Luft gegenwärtig. Die Frauen verkörpern die Mutter. Die Männer auch, aber weniger, weil sie aus dem Schoß der Frau geboren wurden. Die Mutter ist die Schöpferkraft, die überall in der Natur von Generation zu Generation weitergegeben wird.»

«Sehr eindrucksvoll», antwortete Billy Bobb. «Ich bin sicher, daß jede Menge Feministinnen an den Bildschirmen mit Freude hören, daß eine Frau ihr Schöpfer war und nicht Gott. Die meisten von uns vertreten in dieser Frage wohl eher einen traditionellen Standpunkt. Aber Sie haben mir noch nicht erzählt, wie es in prähistorischer Zeit tatsächlich zuging. Übrigens sprechen Sie ausgezeichnet Englisch für eine Höhlenbewohnerin, die erst vor kaum zwei Jahren zu uns gestoßen ist.»

«Danke», sagte ich, ohne auf seine Ironie einzugehen. In diesem Moment kam ich auf eine Idee, die wir vorher nicht besprochen hatten. «Ich erzähle Ihnen, wie es war», sagte ich. «Als ich in Ihre Stadt kam, hörte ich, daß Frauen nachts nicht allein durch die Straßen gehen können, in manchen Gegenden nicht einmal bei Tag, weil sie ständig auf der Hut vor Männern sein müssen, die sie vergewaltigen, berauben, entführen oder umbringen wollen. Auch kleine Kinder sind vor diesen Männern niemals sicher. Mädchen und Jungen müssen Tag und Nacht beschützt werden. Das ist nicht gerade zivilisiert.

Mein Volk besaß nicht Ihre schönen Lichter, Ihre hohen Häuser, Ihre herrlichen Geschäfte, Ihre erstaunlichen Errungenschaften in den Bereichen Kommunikation oder Technik. Aber keine Frau und kein Kind wurden in meinem Land jemals bedroht. Einem Mann meines Volkes käme es niemals in den Sinn, eine Frau oder ein Kind anzugreifen. Das nenne ich zivilisiert.»

Diana klatschte in die Hände und rief: «Gut gemacht, Ann.» Billy Bobb zuckte zusammen und warf ihr einen finsteren Blick zu.

«Ich habe gehört», fuhr er dann fort, und schon war sein Grinsen wieder da, «daß die Kriegerinnen bei Ihnen sehr gut ausgebildet wurden, um sich gegen die Männer verteidigen zu können, falls die sich doch mal vergaßen und gefährlich wurden. Wie wär's, wenn Sie uns ein paar von diesen Übungen demonstrieren würden?» Mein Videotape, das er eigentlich in diesem Moment in die Kamera hätte halten sollen, erwähnte er nicht. Trotzdem reagierte ich auf mein Stichwort.

«Ja, aber wir wurden nicht ausgebildet, um uns gegen unsere eigenen Männer zu verteidigen. Das wäre gar nicht notwendig gewesen. Kein Mann hat uns angegriffen, bis auf die gott-gläubigen Fremden aus dem Nachbarland.»

Damit stand ich auf und trat an meinen Platz. Eine laute, dröhnende Rockmusik erklang, die nicht im mindesten zum Rhythmus meiner Übungen paßte, aber ich versuchte sie zu ignorieren. Nach circa drei Minuten wollte ich aufhören und mich verbeugen, wie wir es vorher ausgemacht hatten. Doch dann passierte das, was später nur noch «der Zwischenfall» genannt wurde.

Billy Bobb war vom Sessel hinter mir aufgestanden. Mit seinem berühmten schlauen Lächeln, einen Finger auf den Lippen und lustig wackelnden Augenbrauen schlich er auf Zehenspitzen ins Bild. Offensichtlich hatte er vor, mich zu «attackieren», um zu zeigen, wie ich auf einen Überraschungsangriff reagieren würde. Wegen der lauten Musik konnte ich ihn nicht hören, und die blendenden, auf mich gerichteten Scheinwerfer verhinderten, daß ich seinen Schatten sah. Für einen Mann, der so dick und unförmig war, bewegte er sich mit erstaunlicher Leichtigkeit. Plötzlich spürte ich, wie sich etwas um meinen Hals schloß und er im gleichen Moment einen meiner Arme von hinten nach oben riß, damit ich bewegungsunfähig war. Es fühlte sich ganz und gar nicht lustig an. Er hatte seine geballte, kaum verhohlene Aggression in dieses Manöver gelegt, und sein Griff war brutal und schmerzhaft.

Leider reagierte ich genauso, wie ich es zu Hause gelernt hatte, statt so, wie es meiner kürzlichen Einführung in patriarchalische Tabus entsprochen hätte. Im Bruchteil einer Sekunde schnellte meine freie Hand zwischen seine Beine, packte mit eisernem Griff seine Genitalien und drehte sie um.

So hatten wir alle es gelernt, und so handelten wir, ohne nachzudenken, sobald wir hinterrücks von einem männlichen Gegner angegriffen wurden. Wir zielten auf den empfindlichsten Teil seines Körpers und verletzten ihn so brutal wir konnten. Wir hatten an unseren Kriegsbrüdern üben dürfen, was natürlich nicht ohne ein gewisses Maß an derben Knüffen, Witzeleien und Unfug abging. Das einzige, was sie sich verbaten war, daß wir richtig zupackten. Und natürlich praktizierten sie selbst diese Technik auch.

Die Wirkung auf Billy Bobb war umwerfend. Er schrie auf und gab mich frei, worauf ich, ohne loszulassen, herumwirbelte und so heftig gegen seine Kniescheibe trat, daß er zusammensackte. Das war der zweite Schritt, der mir nach jahrelangem Training in Fleisch und Blut übergegangen war. Vor laufender Kamera wälzte sich Billy Bobb winselnd und mit Tränen in den Augen auf dem Boden. Ich stand über ihm und fragte mich, was als nächstes kommen würde.

Ich sah, wie die Leute hinter der Glasscheibe, die uns von der Regie trennte, aufgeregt hin und her liefen.

Die Kameramänner gaben mir heftige Zeichen, mich von Billy Bobb zu entfernen. Darauf kehrte ich so würdevoll wie möglich zu meinem Sessel zurück. Die Kamera folgte mir.

Plötzlich tauchte ein anderer Sprecher auf und erklärte salbungsvoll, Billy Bobb sei vorübergehend unpäßlich, werde jedoch gleich zurückkommen. Bis dahin folgten ein paar Minuten Werbung...

Die Pause dauerte fast zehn Minuten, und währenddessen versuchte man nach besten Kräften, Billy Bobb wieder auf die Beine zu bringen. Er schrie, er sei für den Rest seines Lebens erledigt und wollte mich auf der Stelle verhaften lassen. «Tätlicher Angriff!» kreischte er. «Ihr habt's alle gesehen.»

«Die ganze Welt hat's gesehen, Billy», sagte ein Mann aus der Regie. «Wir konnten es nicht verhindern. Und es sah ganz so aus, als hättest du sie angegriffen.»

Billy Bobb hörte auf, sich hin und her zu werfen. «Ihr konntet es nicht verhindern? Was sagst du da, Blödmann? Soll das heißen, daß die Zuschauer alles mitgekriegt haben, du Arschloch?»

Der Mann nickte. Billy Bobb gab einen letzten spitzen Schrei von sich und humpelte, von drei Bühnenarbeitern gestützt, aus dem Set. Dabei stieß er wüste Drohungen, Beschimpfungen und unverständliche Verwünschungen aus. Er habe die Schnauze voll; jetzt sei endgültig Sense mit diesem Mist; nie wieder werde er sich mit den elenden Freaks abgeben, die man ihm andauernd vorsetzte; er werde alle vor Gericht bringen: mich, Diana, ihren Verleger, die Sendeanstalt, den Kameramann. Aus vollem Halse brüllend verschwand er schließlich auf Nimmerwiedersehen hinter den Kulissen.

Der zweite Sprecher führte das Interview gelassen

zu Ende. «Nun, Ann», sagte er am Schluß zu mir, «Sie haben der Welt tatsächlich gezeigt, wie sich eine Amazone gegen den Überraschungsangriff eines Mannes zur Wehr setzt. Und natürlich haben Sie recht – das ist die wirksamste Art, sich zu verteidigen.»

Ich schämte mich über den Zwischenfall, bis ich einen Blick auf Diana warf. Ich war sicher, daß sie mir übelnahm, was passiert war, doch sie lächelte nur unergründlich wie die Mona Lisa und blinzelte mir zu.

Am nächsten Tag hatte «der Zwischenfall» für Schlagzeilen gesorgt: «Tolle Amazone legt Billy Bobb aufs Kreuz»; «Billy Bobb gerät an die Falsche» und «Kastration wider Willen in der Billy-Bobb-Show».

Unser Telephon klingelte von sieben Uhr morgens bis spät in die Nacht. Diana kümmerte sich darum. Die meisten Anrufe stammten von Journalisten. Sie erklärte ihnen, daß ich instinktiv reagiert hätte, ohne bewußte Absicht, und den Zwischenfall aufrichtig bedauerte (was überhaupt nicht stimmte). Viele Anrufer wollten wissen, ob sie meine Pressesprecherin sei. Den wenigsten war bewußt, daß sie mit der Autorin von *Amazone* sprachen. Am komischsten war die Tatsache, daß die Presse plötzlich alles Interesse an Dianas Buch verloren hatte und stattdessen nur noch über das vergleichsweise unbedeutende Thema meiner Begegnung mit einem Fernsehstar reden wollte. Jetzt war ich die Berühmtheit – und das aus einem völlig absurden Grund!

Billy Bobb lag im Krankenhaus und gab auf Anraten seiner Anwälte keinerlei Erklärungen ab. Anscheinend war seine Kniescheibe gebrochen. Von anderen Verletzungen war nicht die Rede.

Am Nachmittag rief Jackie aus dem Foyer an. Diana sagte, sie könne raufkommen, aber nur, wenn sie allein sei. Wenig später stand sie vor der Tür, in einem mit blauen Perlenketten verzierten Tigerfellkleid. Sie kam direkt auf mich zu und umarmte mich.

»Ich möchte mich bei Ihnen bedanken«, sagte sie. »Sie haben keine Ahnung, wie oft ich diesem Fettkloß schon genau das gewünscht habe. Ich konnte ihn noch nie ausstehen. Wenn er je wieder auftaucht, gebe ich meinen Job auf. Aber ohne Sie hätte ich nie den Mut dazu gefunden. Ich wünsche Ihnen alles Gute. Sollte er versuchen, Sie gerichtlich zu belangen, sagen Sie mir Bescheid. Ich würde sogar einen Meineid leisten, wenn es nötig wäre. Na schön, Sie haben natürlich nie so was von mir gehört, aber es ist trotzdem wahr. Wiedersehen.«
Sie drückte mir ihre Karte in die Hand, küßte mich auf die Wange und rauschte mit klimpernden Perlen in einer Wolke von Parfum aus dem Zimmer. Sie hatte noch immer keine Zeile von Dianas Buch gelesen und würde es wahrscheinlich auch nie tun.

KAPITEL 8

»Der Zwischenfall« hatte eine ganze Reihe von Konsequenzen. Manche waren ernst, andere lächerlich. Auftritte in größeren Fernsehprogrammen rückten einen in diesem merkwürdigen Land scheinbar automatisch ins Zentrum des Interesses, und viele Leute entwickelten ein geradezu besitzergreifendes Interesse an meinem Privatleben. Zweifellos war das eine Folge der verbreiteten Sitte, in den Medien ständig über das Privatleben berühmter Persönlichkeiten zu berichten.

Diana und ich bekamen Briefe von Leuten, die vorgaben, alles über mich zu wissen, weil spirituelle Führer es ihnen erzählt oder ihnen die Geschichte meines Lebens »zugespielt« hatten. Manche behaupteten, ich stammte nicht von den Amazonen am Schwarzen Meer ab, sondern von Bewohnern einer Höhle im Inneren des Berges Noella auf dem Planeten Venus. Andere hielten mich für eine zeitreisende Vertreterin von Atlantis, wieder andere für einen Vampir. Manche sahen in mir eine

Schlangengöttin aus dem Weltraum, gefangen in einem menschlichen Körper, der sich am Ende des Jahres selbst zerstören würde. Noch andere erklärten, ich sei eine Teufelin aus Sheol, einer biblischen Hölle, mit der Mission, alle Männer auf der Erde zu töten, sobald ich genügend menschliches Sperma eingefroren hatte, um der Frauenrasse das Überleben zu sichern. Man hielt mich abwechselnd für eine Erlöserin oder einen falschen Messias, gekommen, um das bevorstehende Ende der Welt anzukündigen. Ein Mann eröffnete mir, ich könne ganz einfach wieder zu meinem Volk zurückkehren, ich müsse nur drei Mal die Hacken zusammenschlagen und dazu sagen: «Es gibt nichts Schöneres als das Zuhause.» Aber natürlich hänge alles von den richtigen Schuhen ab.

Wir lachten über diese Briefe und warfen sie in den Papierkorb. Andere beantworteten wir auf die eine oder andere Art. Bei vielen handelte es sich um Geschäftsangebote oder Einladungen zu öffentlichen Auftritten, die zwar etwas «bringen», aber nichts bezahlen wollten. Andere waren persönliche Briefe von Frauen, die von den Frustrationen in ihrem Leben berichteten und den Schwierigkeiten, die Kinder großzuziehen, ihre Jobs zu behalten oder sich von gewalttätigen Männern zu trennen. Sie erhofften sich Ratschläge von uns. Andere Frauen schrieben von ihrem Glauben an die Göttin, die sie in ihren Herzen oder in privater Forschungsarbeit entdeckt hatten. Manche wollten wissen, wie sie einen Mutter-Tempel errichten sollten – welche Maße, Verzierungen und Rituale dazu erforderlich waren.

In diese Kategorie fiel auch ein Brief von Matilda Bloodworth, die laut Diana Herrin über ein riesiges Geschäftsimperium war und zu den reichsten Frauen des Landes zählte. Mittlerweile hatte sie sich mehr oder weniger zur Ruhe gesetzt und lebte sehr zurückgezogen. Gerüchten zufolge war sie krank, Genaueres war jedoch nicht bekannt. Sie schrieb:

Liebe Mss. Foster und Tyapay:

Ich würde mich gerne mit Ihnen treffen, um über die mögliche Stiftung einer auf Ihrer Forschung und Erfahrung begründeten religiösen Institution zu sprechen. Ich selbst reise nicht mehr viel, würde jedoch mit Freuden für Ihre Ausgaben aufkommen, wenn Sie sich am 30. Oktober um die Mittagszeit in meinem Haus einfinden könnten. In Erwartung Ihrer Antwort verbleibe ich,
    hochachtungsvoll,

    Matilda Bloodworth

«Ich nehme an, das ist so was wie ein kaiserlicher Befehl», sagte Diana. «Ich weiß nichts über diese Frau, nur das, was ich in der Zeitung gelesen habe. Aber es kann nicht schaden, ihr einen Besuch abzustatten. Vielleicht gefällt dir die Reise, und obendrein lernst du den Lebensstil der oberen Zehntausend kennen.»

«Ja, klingt interessant», sagte ich.

Also planten wir einen Ausflug zum Landsitz der Bloodworths. Es war um die Zeit, als die Herbstfarben am intensivsten waren. Alle Bäume in diesem Teil des Landes standen in voller Pracht und trugen tatsächlich herrlichere Farben als die Wälder in meinem Heimatland. Nicht einmal die Fülle der Frühlingsblumen konnte sich mit diesem strahlenden Leuchten messen: schimmerndes Gold, Orange, Zitronengelb und Blutrot, vermischt mit dem letzten Grün des Sommers.

Unterwegs schrie ich bei jedem neuen bunt gefärbten Berghang auf, während Diana über mein Entzücken nur lächelte. Ich muß sagen, es gab wirklich viele ästhetische Entschädigungen für die Gefühlsarmut dieser Welt. Zu den schönsten gehörte die Freude, an einem sonnigen Herbsttag einen Highway entlangzufahren, völlig entspannt trotz der Geschwindigkeit, mit der man sich bewegte, umflattert von den blitzenden Bannern des Herbstes.

Manchmal, wenn der Verkehr nicht sehr stark war, ließ mich Diana für eine Weile ans Steuer. Sie hatte mir das Autofahren beigebracht, aber ich konnte trotzdem nur illegal fahren, da ich offiziell keine Bürgerin des Landes war und weder einen Führerschein noch sonstige Papiere besaß. Die Leute hier legten großen Wert auf solche Papiere, die beweisen sollten, daß man existierte. Es genügte keineswegs, einfach nur physisch anwesend zu sein.

Ich fand das pervers, bis ich mich an den Brauch meines Volkes erinnerte, einem Kind, das niemand wollte, den Namen vorzuenthalten. Auf diese Weise wurde es als nicht existent angesehen und konnte sterben. Es kam gelegentlich vor, daß eine Mutter ein entstelltes, unterentwickeltes, krankes oder lebensuntüchtiges Kind zur Welt brachte; dann hatte sie das Recht, ihm einen Namen oder die Taufe mit ihrer Milch zu verweigern. So würde es nicht ernährt, als Unperson angesehen werden und wenig später sterben. Die Bezeichnungen der Dinge werden häufig als elementare Bestandteile ihres Daseins mißverstanden. Viele Menschen hier hielten es zum Beispiel für ungeheuer wichtig, daß die Steine auf den Gräbern ihre Namen trugen, obwohl sie längst aufgehört hatten, zu existieren.

Matilda Bloodworths Anwesen war von einer drei Meter hohen Steinmauer umgeben, und das Tor wurde von einem Mann in Uniform bewacht. Er schrieb sich unsere Namen auf und telephonierte; dann winkte er uns durch. Nachdem wir noch eine Weile der schattigen Straße gefolgt waren, kamen wir schließlich zu einer grünen Weide, die sich hinter einem weißgestrichenen Zaun erstreckte. Dort stand ein Dutzend jener Geschöpfe, die ich nach meinem Clan am meisten auf der Welt liebte – Pferde!

«Oh, halt an, halt an!» rief ich Diana zu. Ich sprang aus dem Wagen und rannte zu dem Zaun. Neugierig hoben einige Pferde den Kopf und trotteten langsam auf mich zu. Als erste kam eine schwarze Stute, die mich dermaßen an meine längst verstorbene Windsbraut erinnerte, daß mir die Tränen in die Augen schossen. Das war sie: dasselbe feingeschnittene Gesicht, dieselben dunkel schimmernden, pflaumengroßen Augen, dieselbe lange Mähne, die den ganzen Hals bedeckte. Ich streckte die Hand aus, und die Stute beschnupperte sie mit derselben Zärtlichkeit, mit der meine Windsbraut mich immer begrüßt hatte.

Diana kam mir nach und sah, wie ich unter Tränen die schwarze Stute streichelte. «Sieh nur, das ist meine Windsbraut, die zu neuem Leben erwacht ist», sagte ich. «Diese Stute ähnelt ihr aufs Haar, aufs Haar! Sie hat dieselben Angewohnheiten, dieselbe Haltung, dieselbe Gestalt – alles!»

Diana nahm mich sanft am Arm und zog mich fort. «Vielleicht nicht ganz dieselben, Ann. Du hast dich sehr nach deiner Stute gesehnt, ich weiß. Jedes Tier, das ihr ähnelt, würde diese Erinnerungen auslösen.»

«Nein, nein, es ist mehr als Ähnlichkeit. Ich erkenne sie, ich sage es dir doch. Und sieh nur, sie erkennt mich auch.» Die Stute knabberte an meinem Haar, genau wie Windsbraut es immer getan hatte.

Diana wirkte nicht überzeugt. «Auf alle Fälle ist sie

ein wunderschönes Tier. Doch jetzt müssen wir weiter, oder wir kommen zu spät zu unserer Verabredung mit Ihrer Kaiserlichen Hoheit.»

Wenig später tauchte das Haus vor uns auf. Es war eine weitläufige Anlage, laut Diana im Tudorstil gebaut, mit unzähligen Flügeln, Terrassen, Kaminen und unterteilten Fenstern. Ein mit Anzug und weißen Handschuhen angetaner Butler bat uns herein. Höflich ging er voraus zu einer großen Doppeltür, öffnete sie und führte uns in einen Raum, der so groß war, daß man das andere Ende kaum erkennen konnte. «Madame hat angeordnet, Sie ins Museum zu geleiten», sagte er. «Sie wird jeden Moment kommen.» Mit diesen Worten zog er sich zurück und schloß die Tür.

An den Wänden und in der Mitte des Saals standen Glaskästen. Auf einem großen Tisch unweit der Fenster entdeckten wir das in allen Einzelheiten ausgeführte Modell eines Gebäudes. Es hatte die Form eines spitz zulaufenden, liegenden Ovals, mit tunnelartigen Galerien, die sich auf allen Seiten entlangzogen, und einem kunstvoll gearbeiteten Glasdach über dem Hauptteil. An einem Ende erhob sich ein niedriger Turm.

Einer der Glaskästen erweckte meine Aufmerksamkeit. Er enthielt Objekte, die mir seltsam vertraut erschienen. Als ich näher kam, erkannte ich ein Schwert, das mit dem meinen beinahe identisch, allerdings in einem schrecklichen Zustand war: voller Kerben, rostig, angelaufen, der Griff halb zerfressen. Es sah aus, als hätte es tausend Jahre oder noch länger in der Erde gelegen. Doch als ich genauer hinsah, hatte ich den Eindruck, daß es aus der Hand desselben Schmiedes stammen könnte wie das meine. Daneben hing eine Halskette aus Kupfer und eine mit Altensteinen besetzte Krone. Damit pflegte mein Volk die Leiche einer Königin oder Hohepriesterin zu schmücken, bevor sie begraben wurde. Auch diese Stücke waren zerfressen und altersgrün, aber unverwechselbar. Ich kannte diese Handwerkskunst. Etwas weiter lagen ein paar schwarz angelaufene Silberspangen, die meine Clanschwestern benutzten, um ihren Umhang zu verschließen, und einige kleine Tonfiguren der Göttin. Meine Mutter hatte genau dieselben neben ihrem Herdfeuer stehen; sie sollten das Brotbacken oder Schlachten überwachen. Sie vergaß nie, den Herdmüttern ein Stäubchen Mehl oder einen Tropfen Blut als Opfer darzubringen.

Ich bekam eine Gänsehaut beim Anblick all dieser Dinge. «Wo sind wir hier?» rief ich. «Werkzeuge, die ich kenne, eine Stute, die meiner Windsbraut aufs Haar gleicht! Ist diese Bloodworth eine große Priesterin? Kennt sie mein Volk? Verfügt sie über Magie?»

«Ich glaube, die einzige Magie, über die sie verfügt, ist eine unerschöpfliche Geldquelle», antwortete Diana. «Sie besitzt ein paar erstaunliche Dinge. Schau dir nur diese lebensgroße Isis-Statue an. Wie sie es geschafft hat, die aus Ägypten rauszuschmuggeln, ist mir ein Rätsel. Wenn sie echt ist, muß sie ein Vermögen gekostet haben.»

Ich war so erschüttert vom Anblick all der vertrauten Dinge an einem so ungewohnten Ort, daß ich mich kaum auf den Beinen halten konnte. Ich setzte mich in einen Ledersessel am Kamin und faltete meine zitternden Hände.

Doch als sich die große Doppeltür öffnete und Matilda Bloodworth leibhaftig vor uns stand, sprang ich wieder auf. Sie war eine alte Frau mit dem Flair einer Königin, silberweißem Haar, einem runzligen Gesicht und scharfen blauen Augen. Sie trug ein langes, violettes Gewand und stützte sich auf einen Stock mit silbernem

Knauf. Langsam humpelte sie auf uns zu, offenbar hatte sie Schwierigkeiten mit der Hüfte.

«Willkommen, meine Damen», sagte sie. «Wie ich sehe, haben Sie in meiner kleinen Kollektion bereits etwas entdeckt, das Ihre Aufmerksamkeit erweckt hat.» Sie reichte uns die Hand und ließ sich dann vorsichtig in einem der Sessel uns gegenüber nieder.

«Wie können Sie nur so viele Dinge aus meinem Volk besitzen?» platzte ich heraus. «Sogar ein Schwert, genau wie meins!»

«Ja, das Schwert», lächelte sie. «Es ist eines der wenigen bekannten skythischen Schwerter, die überlebt haben. Ich hoffe, daß ich es mit dem Ihren vergleichen darf. Wie ich höre, begleitet es Sie überallhin.»

«Es befindet sich in unserem Gepäck», sagte Diana. «Aber ist das der Grund Ihrer Einladung, Mrs. Bloodworth?»

«Nennen Sie mich Mattie», antwortete sie. «Nein, jedenfalls nicht der eigentliche Grund, obwohl mich das natürlich ungeheuer interessiert. Ich habe Ihnen ja geschrieben, daß ich daran denke, ein religiöses Zentrum aufzubauen, einen Tempel, wenn Sie so wollen. Ein Modell davon sehen Sie hier auf dem Tisch. Ich habe vor, ihn zum ersten Tempel in unserer Zeit zu machen, der ausschließlich der Göttin geweiht ist. Dazu brauche ich Ihren Rat hinsichtlich der Inneneinrichtung, des Aufbaus, der Organisation und der Ausbildung der Priesterinnen.»

«Da kann ich Ihnen keine große Hilfe sein», sagte Diana. «Ann weiß besser darüber Bescheid als ich.»

«Aber ich war keine Priesterin», protestierte ich. «Ich kenne nur einen kleinen Teil ihres Wissens.»

«Ja», sagte Mattie und warf mir einen durchbohrenden Blick zu, «aber Sie waren da. Daran hege ich nicht den geringsten Zweifel. Jetzt, da ich Sie mit eigenen Augen sehe, bin ich stärker als je zuvor überzeugt, daß Sie die Wahrheit sagen.«

Sie forderte uns auf, das Modell des Tempels genauer zu betrachten und wies uns darauf hin, daß der Eingang die Form einer Yoni hatte und die Anlage selbst über unterirdische Krypten und Katakomben verfügen würde, die als Erdschoßhöhlen, Meditationsräume und Stätten der Initiation fungieren sollten. Der großzügige, glasüberdachte Innenhof sollte mit Brunnen, Büschen, exotischen Pflanzen und Kräutergärten ausgestattet werden, deren Anlage weiblichen Symbolen folgten. Es würden Sprechzimmer für einen Stab von bezahlten Priesterinnen eingerichtet, die andere Frauen bei ihren persönlichen Problemen kostenlos beraten sollten. Es würde Massageräume, Ritualräume, Klassenräume, eine umfassende Bibliothek, eine Kunstgalerie, ein Theater und ein Museum geben. Sie hoffte, eine kleine, vollständig ausgerüstete Frauenklinik angliedern zu können.

»Ich habe das Land gekauft und den Architekten engagiert«, sagte sie. »Ich bin zu alt, um mir Verzögerungen leisten zu können. Dieses Projekt ist mir wichtiger als alles andere. Meine Kinder halten mich für verrückt. Natürlich ärgern sie sich, weil der Tempel ein großes Stück von ihrem Erbe verschlingen wird. Aber die Göttin weiß, wie reich sie heute schon sind.«

Der Butler erklärte, es sei angerichtet. Mattie stützte sich auf seinen Arm, und er führte uns in einen dunkelgetäfelten Speisesaal mit einem sehr langen Tisch, der an einem Ende für drei gedeckt war. Im Kamin prasselte ein munteres Feuer. Hohe Fenster blickten auf eine von roten und goldenen Bäumen bestandene Hügellandschaft. Geräuschlose Dienstboten in frisch gestärkten, spitzenbesetzten Uniformen tischten uns ein köstliches

Mahl auf, während Mattie weiter von ihrem Tempel erzählte.

«Ich hoffe, Sie werden ein paar Tage bleiben können», sagte sie, «damit wir Zeit haben, in Ruhe darüber zu sprechen. Für morgen habe ich etwas Besonderes geplant. Es ist der Vorabend von Allerheiligen, den die Kelten Samhain nannten – das Fest der Toten, die Nacht der Seelen, den Riß zwischen den Welten, als sogenannte Hexen die uralten Geister beschworen, deren vertrocknete Knochen zu ihnen sprachen und Orakel verkündeten. Manchmal erschienen sie sogar selbst in Gestalt von Eulen oder Katzen. So sehr dies auch alles verteufelt wurde, es bleibt einer der wenigen Festtage, die alle christlichen Jahrhunderte seit heidnisch-matriarchalischer Zeit überdauert haben. Ich kenne ein paar gleichgesinnte Frauen, die sich anläßlich solcher Gelegenheiten hier versammeln, um diese Festtage auf altüberlieferte Art zu begehen. Es wäre mir eine Ehre, wenn Sie uns die Freude Ihrer Gesellschaft machten. Ich bin sicher, daß es Ihnen gefallen wird.»

Diana sagte: «Wenn es so ist, bleiben wir gern, aber übermorgen müssen wir dann wirklich aufbrechen. Die Arbeit ruft.»

«Das verstehe ich», sagte Mattie. «Bitte fühlen Sie sich überall wie zu Hause. Es gibt eine Menge zu sehen. Fragen Sie die Dienstboten, falls Sie etwas interessiert. Wenn Sie einen Führer wünschen, werde ich Ihnen einen zur Verfügung stellen.»

«Ich interessiere mich sehr für Ihre Pferde», sagte ich eifrig. «Für eines ganz besonders, es ist eine schwarze Stute mit einer langen Mähne. Sie könnte der Zwilling der Stute sein, die ich geritten habe – zu Hause.»

Mattie lächelte. «Ja, Ihre Windsbraut. Ich erinnere mich. Dann werden wir dafür sorgen, daß Sie sie reiten können. Es ist ein prächtiges Tier, eine reinrassige Araberstute. Sie heißt Melanie. Da ich selbst nicht mehr reiten kann, sind die Pferde nur noch eine Liebhaberei. Stallburschen und Gäste reiten sie. Nach dem Mittagessen werde ich Ihnen eines der Mädchen schicken, um Sie zu den Ställen zu bringen.«

Wenig später wurden wir zu zwei nebeneinanderliegenden Zimmern geführt, wo unsere Kleider bereits ausgepackt, gebügelt und aufgehängt worden waren. Jedes Zimmer verfügte über ein riesiges Himmelbett und andere Möbel in einem Stil, den ich noch nie gesehen hatte. Diana erklärte mir, es seien unschätzbar wertvolle Antiquitäten.

Ich vertraute Diana mein Schwert an, damit Mattie und sie es zusammen untersuchen konnten. Dann schlüpfte ich zum Reiten in eine dicke Flannelljacke und enge Jeans. Ich zitterte vor Erregung. Endlich wieder ein Pferd zwischen den Schenkeln zu spüren war schon aufregend genug, doch eines wie meine Windsbraut wäre eine Wonne, auf die ich nie zu hoffen gewagt hätte. Ich glaubte schon lange nicht mehr, daß mein Leben in dieser Welt ein Traum war, aus dem die Mutter mich bald erwecken würde. Er dauerte bereits viel zu lange und war zu komplex geworden, um noch irgendeine Ähnlichkeit mit einem Traum zu haben.

Ein leises Klopfen an meiner Tür kündigte eine junge Frau in dunkelblauen Hosen, Hemd und einem blauweißgestreiften Pullover an. »Guten Tag, Miss Tyapay, ich heiße Rose«, sagte sie. »Ich möchte Sie zu den Ställen bringen.« Sie führte mich durch ein Gewirr von Fluren und Treppen, zu einer hohen, weitläufigen Halle, von der eine Seitentür abging.

In der Mitte der Halle kamen wir an der merkwürdigsten Tür vorbei, die ich je gesehen habe. Sie war flankiert von zwei großen steinernen Statuen der Göttin, die Diana Isis genannt hatte. Sie waren mindestens drei Meter hoch, obwohl sie saßen. Beide trugen einen etwas steif wirkenden Säugling auf dem Schoß, dem sie gleichmütig die Brust gaben; dabei sahen sie aus, als seien sie in Gedanken verloren. Die breite geschlossene Tür zwischen diesen Abbildungen war mattschwarz, so abgrundtief schwarz, um genau zu sein, das sie mehr Ähnlichkeit mit einem Loch hatte als mit stabilem Holz. Ich konnte weder eine Klinke noch einen Knauf entdekken. Im Zentrum dieser Tür schwebte ein großer fünfzackiger Stern, einen Meter breit, aus geflochtenen Streifen eines seltsamen silbernen Materials, das in allen Regenbogenfarben schimmerte. Ich wurde nur deshalb darauf aufmerksam, weil ich den Stern schon einmal gesehen hatte – im großen Tempel von Themiskyra.

«Warten Sie», sagte ich zu Rose. «Wohin führt diese Tür?»

Sie zögerte und lächelte. «Wir sind angewiesen, diese Tür niemandem zu öffnen», sagte sie dann. «Die meisten Dienstboten wissen nicht einmal, wie sie sich öffnet. Doch für Sie wird sie sich morgen abend auftun. Sie führt zu Madames Ritualraum.»

«Ah, die Allerheiligenzeremonie!»

«Ja. Zufälligerweise gehöre ich zu der Gruppe, die auserwählt ist, daran teilnehmen zu dürfen. Es ist uns eine große Ehre, daß Sie unter uns weilen, und ich freue mich sehr darüber.»

Wir gingen nach draußen und folgten einem weißen Kiesweg zu den Koppeln und Stallgebäuden hinter dem Haus. Dort drückte Rose auf eine Klingel, lächelte mir zu und verschwand. Die Klingel galt einem Stallburschen, der mit der schwarzen Stute Melanie am Zügel auf mich zukam. Sie trug jetzt einen komischen kleinen Sattel mit zwei eisernen Bügeln, die an dünnen Lederriemen von den Seiten baumelten.

«Was ist das?» fragte ich und griff nach einem der Bügel.

Er hielt den Kopf gesenkt, vielleicht, so dachte ich, um seine Überraschung über meine Unwissenheit zu verbergen, und antwortete unter der breiten Krempe seines Schlapphuts: «Ein Steigbügel, Ma'am.»

«Wozu dient er?»

«Um die Füße zu halten.»

«Bitte nehmen Sie ihn ab.»

«Wie Sie wünschen, Ma'am.»

Während er die Steigbügel entfernte, streichelte ich Melanie, kämmte mit den Fingern ihre Mähne und sprach mit ihr. Es war wunderbar, sie zu berühren und ihren Duft einzuatmen – dieses unvergessene, seidenweiche Gefühl eines Pferdefells, dieser süße, moschusartige Pferdegeruch. Ich war so beschäftigt, daß ich kaum bemerkte, wie zögernd der Stallbursche auf meine Art des Aufsitzens reagierte. So wie meine Leute es getan hatten, wenn sie einander beim Aufsitzen halfen, stand ich mit angewinkeltem Bein in Schulterhöhe des Tieres und wartete, daß der Bursche mein Schienbein nahm und mir beim Aufsteigen zu mehr Schwung verhalf.

Als er dann tatsächlich mein Bein packte, schien plötzlich eine geheimnisvolle Hitze von seiner Hand in mein Fleisch überzugehen, und zum ersten Mal wurde ich mir seiner bewußt. Als ich bereits auf dem Rücken der Stute saß, lag seine Hand noch immer auf meinem Fuß. Seine Berührung war zärtlich, gelassen und sicher, die Berührung einer Hand, die es gewohnt ist, Tiere zu beruhigen, eine echte Liebkosung. So etwas hatte ich nicht mehr erlebt, seit ich mein Leben im Clan verloren hatte. Ich warf ihm einen erstaunten Blick zu, und im gleichen Augenblick sah er zu mir auf. Es war ein Schock, der alles Bisherige übertraf.

Diese Augen hatte ich schon einmal gesehen, auf einem Schlachtfeld, im Gesicht eines Mannes, der durch mein Schwert starb. Dieser Mann hatte dasselbe Gesicht, dieselben ungewöhnlichen haselnußgoldenen Augen. Niemals hätte ich ihn verwechseln können. Ein Grauen überlief mich. Auch er merkte etwas. Er stand wie angewurzelt da, die Hand noch immer auf meinem Fuß, während wir uns gegenseitig anstarrten.

Einen zeitlosen Augenblick lang hörte die Welt auf, sich zu drehen. Wir erkannten uns wieder. Plötzlich war ich an einem anderen Ort, unter einer helleren Sonne, in einem jüngeren Körper, und der Lärm der Schlacht verebbte in meinen Ohren, während ich diese goldenen Augen beobachtete, die gelassen dem Tod entgegensahen. Der Todesengel war ich selbst.

Beschämt über die unverhüllte Intensität der Emotion, die zwischen uns aufflammte, wandte ich den Blick ab und lenkte Melanie auf das offenstehende Gatter zu. Seine Hand gab meinen Fuß erst frei, als die Stute sich von ihm entfernte. Doch die Stelle, wo er mich berührt hatte, glühte weiter, als wäre sie von der Sonne verbrannt worden. Ich sah mich nur einmal um, kurz bevor die Stute in ein kleines Wäldchen eindrang. Er stand noch immer reglos am Gatter und sah mir nach.

Der Schock dieses Zusammentreffens verblaßte ein wenig neben der Freude des Ausritts. Es war in jeder Hinsicht so, als säße ich auf meiner Windsbraut. Die Gangart der Stute war dieselbe. Sie kannte mich und reagierte mit der gleichen Bereitwilligkeit. Der klare Himmel, die scharfe Brise, die strahlenden Herbstfarben steigerten noch die unbeschreibliche Wonne, sich auf einem geliebten Tier fortzubewegen – denn tatsächlich herrschte vom ersten Augenblick an zwischen Melanie und mir eine Zuneigung, die uralt zu sein schien. Ich glaube, die Stute spürte sie durch meinen Körper, so wie ich durch den ihren. Es war einer der schönsten Tage, den ich seit langem erlebt hatte.

Als ich zum Stall zurückkehrte, war der Stallbursche mit den goldenen Augen nirgends zu sehen. Ein anderer Mann, untersetzt, mit buschigen schwarzen Brauen, ergriff die Zügel und nahm Melanie den Sattel ab, wischte sie trocken, legte ihr eine Decke über und führte sie ein wenig herum, um sie abzukühlen. Es war beruhigend, daß die Pferdepfleger auf Bloodworths Anwesen sich so hervorragend um die Tiere kümmerten.

Beim Abendessen fragte Mattie, ob ich den Ausritt genossen hätte. Ich war noch immer so euphorisch, daß ich kaum ein Wort herausbrachte, doch ich antwortete: «Ich werde ihn nie, niemals vergessen. Es war einer der glücklichsten Augenblicke meines Lebens.»

Mattie lächelte. «Dann hat sich Ihr Eindruck, daß unsere kleine Melanie Ihrer Windsbraut ähnelt, also bestätigt?»

«Ich habe den Eindruck, daß sie ein- und dasselbe Tier sind, so unglaublich das auch klingen mag.»

Wir sprachen über die Unterschiede zwischen antiken und modernen Gewohnheiten der Reitkunst, einschließlich der Erfindung von Steigbügeln. Mattie behauptete, sie erleichterten einem das Aufsitzen. Das erinnerte mich an den Stallburschen. «Wer ist der junge Mann mit den hellen Augen, der so gut aussieht? Er trägt einen Schlapphut.»

«Sie meinen bestimmt Adam», sagte Mattie. «Er ist noch neu bei uns. Haben Sie etwas an ihm auszusetzen?»

«Oh nein», sagte ich. «Er hat seine Sache sehr gut gemacht. Es interessierte mich nur.»

Ich merkte, daß Diana mir über ihre Brille hinweg einen fragenden Blick zuwarf. Sie wußte, daß etwas Ungewöhnliches geschehen war und dieser Mann damit zu tun hatte.

«Adams Fall ist ziemlich traurig», fuhr Mattie fort. «Er ist der Sohn eines alten Freundes, der vor zehn Jahren gestorben ist. Adam wuchs als Waise auf, aber als ungewöhnlich reicher Waise. Leider war er nicht imstande, die Verantwortung für das große Anwesen zu übernehmen. Innerhalb weniger Jahre hatte er sein Vermögen durchgebracht mit Glücksspiel, Frauen, Alkohol und Drogen. Eines Tages war er bankrott.

Letztes Jahr hat er sich mit irgendeiner fundamentalistischen Sekte eingelassen, die ihn anscheinend völlig umgekrempelt hat. Er hörte auf zu trinken und schloß sich den Anonymen Alkoholikern an. Er ist immer noch ein bißchen instabil, aber als er zu mir kam und mich um Arbeit bat, habe ich ihn meinem alten Freund zuliebe eingestellt. Er kann sehr gut mit Pferden umgehen, hat früher viel Polo gespielt. Er sagte, er wolle keine besondere Verantwortung, nur ein ruhiges Leben mit Tieren. So hat er zumindest ein Auskommen und ein Dach über dem Kopf. Mehrmals in der Woche geht er zu seiner Kirche, glaube ich. Er bleibt für sich und macht seine Arbeit. Was später einmal aus ihm werden soll, weiß ich nicht, aber im Augenblick zieht er sich von der Welt zurück und macht wohl so etwas wie einen Heilungsprozeß durch.»

Später erzählte ich Diana von der Ähnlichkeit zwischen Adam und dem Mann, den ich in der Schlacht getötet hatte, ohne die merkwürdige Anziehungskraft zu erwähnen, die ich zwischen uns gespürt hatte. Diana sagte: «Das ist lange her, Ann. Vielleicht hast du vergessen, wie der Bursche in Wirklichkeit aussah.»

«Niemals», antwortete ich.

«Na schön. Aber ist es nicht merkwürdig, daß du hier überall Ähnlichkeiten entdeckst? Zuerst das Pferd und jetzt der Mann.»

«Ja», stimmte ich zu. «Das ist allerdings merkwürdig.»

Dabei beließen wir es.

KAPITEL 9

Am nächsen Morgen ging ich wieder zu den Ställen, um auf Melanie auszureiten. Mattie hatte mir versprochen, daß die Stute mir um acht Uhr morgens zur Verfügung stünde. Ich wußte nicht, ob ich auf Rose oder ein anderes Dienstmädchen warten sollte oder nicht. Schon lange vor dem Morgengrauen war ich auf den Beinen und zog mich an; dann sah ich zu, wie sich die ersten schwachen Farbtöne am Horizont zeigten. Ich war unruhig. Es war ein fremder Ort, und alle um mich herum schliefen noch. Ich wollte hinaus ins Freie. Um halb acht beschloß ich, allein zu den Ställen zu gehen.

Ich fand den Weg wieder, den Rose mich geführt hatte, und schlüpfte leise durch die Seitentür. Als ich über den taufrischen Kieselweg schritt, atmete ich tief ein. Die frische Morgenluft roch beinahe so süß wie die in meinem Mutterland. Oder hatte ich schon vergessen, wie wahrhaft frische Luft riecht?

Melanie stand noch in der Box, während der goldäugige Stallbursche Adam dem gepflegten Fell mit einer Handvoll Wolle noch den letzten Schliff verpaßte. Als er mich eintreten sah, schreckte er zusammen. «Sie sind zu früh dran, Ma'am», sagte er. «Sie ist noch nicht so weit.»

«Das macht nichts. Lassen Sie sich Zeit. Ich hatte nur Lust, den Morgen zu genießen.» Ich streichelte die Nase der Stute. Adam senkte den Kopf. Es war beinahe schmerzhaft, so offensichtlich vermieden wir, einander anzusehen.

Nach ein paar peinlichen Sekunden räusperte ich mich und bemerkte: «Ich habe gehört, daß Sie erst seit kurzem hier arbeiten. Was haben Sie denn vorher gemacht?»

Er antwortete nicht sofort und gab mir damit reichlich Zeit, mir vorzuwerfen, daß ich in meiner Taktlosigkeit wieder einmal die Regeln einer unverbindlichen Unterhaltung mißachtet hatte. Vielleicht stellte man solche Fragen nicht.

Dann sagte er: «Ich war tot.»

Ein Schock durchfuhr mich. «Tot», wiederholte er. «Und jetzt bin ich wiedergeboren worden.»

«Wie meinen Sie das?»

«Ich will sagen, daß ich innerlich abgestorben war. Ein verlorener Sohn. Ein Tagedieb. Ich besaß keine Arbeit, keine Familie und keine Hoffnung mehr. Doch dann habe ich Jesus gefunden und bin wiedergeboren worden. Das ist mein neues Leben.»

Er sah auf und blickte mir zum ersten Mal seit gestern in die Augen. Dann entdeckte ich das goldene Kreuz, das um seinen Hals hing. Diana hatte mir von diesem seltsamen Symbol erzählt, das für den vom Vater-Gott für seinen angeblichen Sohn bestimmten Tod stand. Das war wie der grauenhafte Frühlingsbrauch der Griechen, einen Mann, den sogenannten «Sohn der Sonne», zu opfern, damit das Blut, das er in seinen Todesqualen vergoß, den grausamen Vater nährte, sein Licht bewahrte und ihn dazu bewegte, den Menschen ihre Sünden zu vergeben. Die Griechen glaubten auch, daß sie den Göttern gleich werden und Unsterblichkeit erlangen könnten, wenn sie das Blut ihrer Opfer tranken. Mein Volk wußte, daß dies nichts anderes als eine falsche und brutale Imitation des echten Lebensblutes war, das den Frauen vorbehalten war und von ihnen ohne Schmerzen vergossen wurde. Offensichtlich hatte sich diese unnatürliche Religion halten können.

«Kennen Sie Jesus?» fragte Adam.

«Nein.»

Impulsiv streckte er die Hand aus, als wolle er die meine berühren, doch dann besann er sich. «Entschuldigen Sie, aber ich könnte Ihnen helfen, erlöst zu werden, so wie auch ich erlöst wurde. Ich sehe, daß Sie ein guter Mensch sind. Ich erkenne es an der Art, wie Menschen mit Tieren umgehen. Ich liebe Tiere, obwohl Gott ihnen keine Seele geschenkt hat. Sie sind ein guter Mensch und eine ausgezeichnete Reiterin. Es wäre eine Schande, wenn Sie nicht erlöst würden.»

«Erlöst wovon?»

«Nun – von der Sünde, vom Tod.»

«Wollen Sie sagen, daß die Menschen, die an Jesus glauben, nicht sterben?»

«Nicht ganz. Körperlich müssen auch sie sterben. Doch ihre Seele lebt für immer.»

«Und die anderen? Was geschieht mit deren Seelen?»

«Sie müssen leiden.»

«Für immer?»

«Ja.»

«Dann sind doch ihre Seelen ebenso unsterblich wie die der Erlösten, nicht wahr?»

«Nun, ich denke schon.»

Während dieses Wortwechsels bewegten Adam und ich uns unmerklich aufeinander zu, als bestünde eine magnetische Anziehungskraft zwischen uns. Unsere Körper sprachen eine völlig andere Sprache als unsere Münder. Als der Abstand zwischen uns nur noch wenige Zentimeter betrug, hielten wir inne und blickten uns tief in die Augen. Ein langes Schweigen folgte. Ich spürte die Spannung zwischen uns, verlorenes Wissen, Erinnerung, Wiedererkennen, Feindseligkeit und noch etwas anderes.

Schließlich streckte ich die Arme aus und legte ihm die Hände auf die Hüften. Er atmete schwer, erschauerte und schloß die Augen. Seine Hände griffen nach meinen Armen und stießen mich fort, doch dann erlahmten sie. Wieder spürte ich die Hitze, die von seiner Berührung ausging. Und wieder wurde ich an die lange einsame Zeit erinnert, in der ich keine so intensive menschliche Berührung mehr erlebt hatte.

«Das ist unrecht», sagte er heiser und zog sich von mir zurück. Er griff nach Melanies kleinem Sattel ohne Steigbügel und legte ihn ihr über den Rücken.

Ich stellte mich dicht hinter ihn. «Sattele noch ein Pferd und begleite mich», sagte ich. «Ich hätte gern ein wenig Gesellschaft bei meinem Ausritt. Du kannst mir sicher die schönsten Wege zeigen.»

Er sagte nichts, doch ich sah, daß er nickte. Seine Wangen waren tiefrot.

Bald trabten wir nebeneinander in den taufrischen Morgen hinaus. Er ritt einen schlanken kastanienbraunen Wallach. Er war ein passabler Reiter – nicht ausgezeichnet, aber passabel. Er erzählte mir, daß er früher Polo-

Ponys besessen hatte, bevor er sich ins Verderben gestürzt und seinen ganzen Besitz durch ein sündiges Leben verloren hatte. Er taute immer mehr auf und verlor seine Schüchternheit. Er sagte, ich sei die schönste Frau, die er auf dem Anwesen der Bloodworth je gesehen habe. Sicher hätte ich das als die übliche Schmeichelei der Männer in diesem Land gegenüber Frauen abgetan, hätte ich nicht das untrügliche Gefühl gehabt, daß dieser Mann ausnahmsweise ehrlich war. Und die ganze Zeit ruhte der Blick seiner goldenen Augen auf mir.

Dennoch ging mir ein Bild dieses anderen Gesichts nicht aus dem Kopf: das Gesicht des sterbenden Griechen, meines Feindes, den ich, ohne es zu wollen, bewundert und zugleich bemitleidet hatte. Ich fragte mich, ob auch Adam sich an diese Szene erinnerte. Mit Sicherheit war er mir gegenüber unsicher, wie auch meine Haltung ihm gegenüber zwiespältig war – denn trotz meiner vielen guten Gründe, ihm aus dem Weg zu gehen, spürte ich, daß er eine starke sexuelle Anziehungskraft auf mich ausübte. Zum ersten Mal seit fast zwei Jahren überwältigte mich das Verlangen nach einem Mann.

Einer alten Überlieferung zufolge kehrten an diesem Tag die Toten zurück, um sich den Lebenden zu zeigen. Bei mir traf dies zu. Ich ritt auf dem Rücken einer Stute, die ich aus Mitleid getötet hatte, und verzehrte mich nach dem Mann, den ich aus Wut getötet hatte. Er sei wiedergeboren worden, hatte er gesagt. Es war, als hätte mir die Mutter ihr ironischstes Lächeln gezeigt.

Die sexuelle Erregung, die uns beide gepackt hatte, war so stark, daß ich das Gefühl hatte, Adam müsse mir um den Hals fallen, sobald wir absaßen. Ich wählte eine sonnige kleine Wiese an einem Bach, wo das Gras noch satt und grün war. Dort hielt ich an und sprang vom Rücken meiner Stute. Adam folgte meinem Beispiel ohne zu zögern, ergriff die Zügel beider Tiere und schlang sie um einen Baum. In diesem Moment trat ich hinter ihn, legte meine Arme um seine Taille und griff ihm zwischen die Beine.

Sein Penis reagierte sofort, doch genau wie zuvor bei Jeff wurde auch sein übriger Körper vollkommen steif. Ein paar Minuten stand er reglos, dann drehte er sich plötzlich um, nahm mich in die Arme und küßte mich heftig. Ich spürte seine Erektion zwischen meinen Beinen. Ich keuchte und lachte, meine Lust war unbeschreiblich. Doch dann stieß er mich jäh zurück und bedeckte sein Gesicht mit den Händen.

«Was ist los?» fragte ich.

«Ich kann nicht, ich kann nicht», stöhnte er. «Ich habe ein Gelübde abgelegt. Ich habe eine Mission. Du darfst mich nicht in Versuchung führen.»

«Was für eine Mission ist das?»

«Das kann ich dir nicht erzählen, aber ich möchte dich warnen. Hüte dich vor Madame. Die Kirche hat erfahren, daß sie eine Dienerin des Satans ist, eine Hexe. Sie hat ihr Haus mit teuflischen Götzenbildern gefüllt. Ihr Plan ist, Gott zu trotzen und unschuldige Frauen von ihm wegzulocken.»

«Da hast du ganz bestimmt unrecht», sagte ich. «Das ist blanker Unsinn. Sie hat nur antike Darstellungen der Göttin gesammelt. Sie will einen Tempel für Frauen bauen. Daran ist ganz und gar nichts Teuflisches.»

«In der Bibel steht, daß alle weiblichen Gottheiten Teufel sind», beharrte er. «Ashtoreth zum Beispiel, die abscheulichste aller Göttinnen. Du kannst es selbst nachlesen. Bitte, glaub mir. Du bist viel zu schön, um in die Fänge einer Hexe zu geraten.»

In der Hoffnung, das Thema zu wechseln, lächelte ich. «Und du bist viel zu sexy, um dir den Kopf über Teufel zu zerbrechen, wenn dein Körper dir die Wahrheit über das Leben und die Lust sagen will. Hör doch nur ein einziges Mal auf deinen Körper.» Wieder streckte ich die Arme nach ihm aus. Er wehrte sich nicht, als ich ihn streichelte, hielt jedoch die Augen fest geschlossen. Auf seinem Gesicht lag ein beinahe gequälter Ausdruck. Ich knöpfte sein Hemd auf und legte meinen Kopf an seine Brust. Seine Haut duftete ebenso süß wie das Fell eines Pferdes. Ich öffnete mein eigenes Hemd und rieb meine Brüste an ihm. Ich hatte gelernt, daß die Männer in dieser Welt auf die weibliche Brust reagieren wie Babys. Vielleicht waren sie ewig hungrige Babys.

Wieder nahm er mich leidenschaftlich in die Arme, schob meine Kleider beiseite und fuhr mit den Händen über meinen Körper. Ich merkte seiner Berührung an, daß er ein guter Liebhaber wäre, würden seine seltsamen Überzeugungen ihn nicht hindern. Ich versuchte, seine Hose zu öffnen und hatte schon fast seinen Penis in der Hand, als er mich erneut wegstieß. Er trat an den Bach, fiel auf die Knie und bespritzte sein Gesicht mit kaltem Wasser. Dann umklammerte er sein Kreuz.

«Steh mir bei, oh Herr», rief er. «Laß diesen Kelch an mir vorübergehen.»

Halbnackt, keuchend und erhitzt stand ich neben ihm. «Warum verleugnest du dich selbst?» fragte ich ihn. «Sieh doch, ich bin bereit, dir einen Vorgeschmack auf den Himmel zu geben. Warum willst du mich nicht?»

«Ich will dich mehr als alles auf der Welt», stöhnte er. «Das weißt du doch selbst. Man hat mich gewarnt: die Versuchung ist stärker als ein Mann ertragen kann. Allmählich wird mir klar, daß du bereits eines von Madames Geschöpfen bist, mit dem Auftrag, meine Mission zu verhindern und meine Seele zu vernichten. Im Namen aller Menschlichkeit, die du besitzt, flehe ich dich an: laß ab von mir. Ich muß meinen Auftrag ausführen, koste es, was es wolle.»

Plötzlich fröstelte ich. «Was ist das für ein Auftrag?»

Er antwortete nicht, sondern stand auf, schnallte den Gürtel um, knöpfte das Hemd wieder zu und band sein Pferd los. «Was immer es dir auch bedeuten mag, es ist nicht deine Schuld», sagte er. «Mein Verlangen nach dir wird mich verfolgen, solange ich lebe.» Damit schwang er sich aufs Pferd und ritt davon.

Ich setzte mich verwirrt ins Gras. Sein Bild vor Augen, seinen Geruch noch in der Nase, masturbierte ich so lange, bis ich mich einigermaßen beruhigt hatte. Dann setzte ich den Ausritt fort. Ich hatte das Gefühl, daß ich vor einer großen Gefahr gewarnt worden war, und für mich stand fest, daß Mattie nichts damit zu tun hatte.

Als ich zum Stall zurückkehrte, war Adam nicht da. Ein anderer Pferdepfleger kümmerte sich um Melanie, diesmal war es ein rothaariger, sommersprossiger Junge. Als ich später mit Mattie und Diana über den Plänen für den Tempel saß, fragte ich Mattie, ob sie sich Adams reaktionärer Überzeugungen bewußt sei.

«Ich weiß nur, daß seine Kirche von irgendwelchen Jesus-Freaks geleitet wird», antwortete sie. «Sie sind sehr abergläubisch und naiv, aber wahrscheinlich harmlos. Und Adam haben sie geholfen.»

«Mattie, ich glaube nicht, daß Adam harmlos ist. Ich finde ihn ein bißchen verrückt und glaube, daß er Ihnen schaden will.» Ich erzählte ihr, was Adam über ihre «Hexerei» und seine «Mission» gesagt hatte. Ich drängte sie, ihn zu entlassen, bevor er gewalttätig wurde.

Mattie sagte lächelnd, sie werde darüber nachdenken. Ein paar Minuten später hatten wir uns so sehr in das Tempelprojekt vertieft, daß alles andere vergessen war.

KAPITEL 10

Matties Ritual am Abend vor Allerheiligen war für Diana und mich ungeheuer interessant. Wir hatten beide nicht gewußt, daß unter der Oberfläche dieser männlich-orientierten Zivilisation Gruppen von Frauen dabei waren, die Verehrung der Mutter neu aufleben zu lassen.

Einerseits war das eine ermutigende Offenbarung. Andererseits war es frustrierend zu wissen, daß solche Rituale nur durch und für eine erleuchtete Minderheit ermöglicht wurden und der Mehrheit der Frauen immer noch unbekannt waren – oder gar von ihr abgelehnt wurden. Offensichtlich fürchteten sich viele Frauen davor, den grausamen, mutterlosen Gott abzulehnen, der sie verflucht hatte und von dessen Priestern sie über Jahrhunderte hinweg verfolgt worden waren. Sie hatten gelernt, diesem einzigen Gott ihre ganze Spiritualität zu opfern, trotz seiner absurden Dogmen und seiner brutalen Geschichte.

Die Frauen, die sich an jenem Abend in Matties

Haus versammelten, waren jedoch von einem anderen Schlag. Insgesamt hatten sich siebenunddreißig eingefunden, den Priesterinnen meines Volkes zufolge eine Zahl von großer geheimer Kraft. Mit Diana und mir waren es neununddreißig, die heilige Dreizehn der Mutter, die sie durch die jährlichen Mondphasen geheiligt hatte, mal drei. Welche Zahl hätte sich besser geeignet, um die dreifache Göttin zu symbolisieren?

Rose erschien mit einem weiten, knöchellangen schwarzen Gewand aus Seide und einem silbernen Pentagramm um den Hals. Sie hatte uns die gleiche Ausstattung mitgebracht, die wir während der Zeremonie tragen sollten. Dann geleitete sie uns zu der schwarzen Tür mit den beiden Göttinnen. Sie stand offen. Dahinter erstreckte sich ein kurzer Gang, der von Glaskästen voller Bücher, Darstellungen der Göttin und unzähligen natürlichen Kristallen und Steinen gesäumt war. Am anderen Ende des Gangs erwartete uns vor einer geschlossenen Tür eine weitere schwarz gekleidete Frau mit einer Kerze in der Hand.

Rose blieb vor ihr stehen und vollzog eine rituelle Geste. Sie berührte ihre Stirn, die linke Brust, die rechte Schulter, die linke Schulter, die rechte Brust und wieder die Stirn und zeichnete so das Pentagramm über ihr Herz. Die Frau antwortete mit derselben Geste. Dann öffnete sie die Tür, ließ uns den Vortritt und schloß die Tür hinter uns allen.

Wir befanden uns in einem großen Raum mit hoher Decke, dessen Wände mit langen, schwarzen Samtvorhängen ausgeschlagen waren. Die Luft war erfüllt von leiser, ruhiger Musik und dem feinen Duft von Räucherwerk. In der Mitte des Raums stand ein kniehoher runder Tisch aus poliertem schwarzen Stein und darauf dreizehn schwarze Kerzen in sternenförmiger

Anordnung. In der Mitte des Tischs erhob sich ein dreifüßiger Ständer mit einer großen, durchsichtigen Kugel, die jedoch nicht aus Glas, sondern aus natürlichem Quartz bestand, wie ich aus den schwachen weißen Wirbeln und Schleiern in seiner Maserung erkannte. Außerdem lagen Bündel von Kräutern, Stöcke, Messer, Photographien, mehrere Schmuckstücke, eine Puppe, eine holzgeschnitzte Eule, ein Totenschädel, ein Fächer aus Bildkarten, zwei reichverzierte Silberbecher und das antike Schwert aus Matties Sammlung auf dem Tisch, das so große Ähnlichkeit mit dem meinen besaß.

Der warme Kerzenschein erhellte die Gesichter der fünfunddreißig Frauen, die einen Kreis um den Tisch bildeten. Sie alle trugen das schwarze Seidengewand und das Pentagramm um den Hals, saßen mit untergeschlagenen Beinen auf schwarzen Sitzkissen aus Samt und hatten ein weiteres Kissen im Rücken. Vier dieser Sitze waren noch frei, je einer rechts und links von Mattie und zwei in der Mitte des Kreises, wo Rose und die Hüterin der Tür Platz nahmen. Diana und ich setzten uns leise auf die anderen beiden Plätze.

Die Frauen lauschten still der Musik. Manche hatten die Augen geschlossen. Während mein Blick über den Kreis schweifte, entdeckte ich neben Rose ein paar Gesichter, die ich vorher unter Matties Dienstboten gesehen hatte. Einige Köpfe waren grau oder weiß vor Alter, andere jünger.

Nach einer Weile standen vier Frauen auf. Eine nahm einen Becher von dem Altar, die zweite eine Kerze, die dritte ein Kräuterbündel und die vierte ein Messer. Diese Gegenstände trugen sie aus dem Kreis hinaus, und jede Frau stellte sich vor eine der vier Wände. Die mit dem Becher sprach zuerst.

»Ich beschwöre die Göttin im Süden, die große Jungfrau und Herrin über die Geburt, die Königin der blauen Wasser, Perle des Meeres, deren Herz erfüllt ist von zärtlicher Liebe und Freundlichkeit. Süße Mutter, sei mit uns und segne unseren Kreis. Gebenedeit seist du.»

Und alle Frauen wiederholten: «Gebenedeit seist du.»

Dann sprach die Frau mit der Kerze: «Ich beschwöre die Göttin im Westen, die große Liebende und Herrin über die Leidenschaften, die Königin des roten Feuers, Zentrum der Flamme, deren Herz erfüllt ist von glühender Freude und Macht. Strahlende Mutter, sei mit uns und segne unseren Kreis. Gebenedeit seist du.»

Und wieder sprachen die Frauen ihr nach: «Gebenedeit seist du.»

Dann ergriff die Frau mit den Kräutern das Wort: «Ich beschwöre die Göttin im Norden, die große Spenderin und Herrin über alle Güter, die Königin des grünen und goldenen Landes, Geist der Erde, deren Herz erfüllt ist von den planetarischen Zyklen. Starke Mutter, sei mit uns und segne diesen Kreis. Gebenedeit seist du.»

Und die Frauen wiederholten: «Gebenedeit seist du.»

Als letzte sprach die Frau mit dem Messer: «Ich beschwöre die Göttin im Osten, die große Zerstörerin und Herrin über alle Götter, die Königin des silbernen Windes, Gebieterin über die Seelen, deren Herz erfüllt ist von Tod und Wiedergeburt. Schreckliche Mutter, sei mit uns und segne unseren Kreis. Gebenedeit seist du.»

Und der Chor antwortete: «Gebenedeit seist du.»

Dann legten die vier Frauen die Objekte wieder auf den Altar und kehrten auf ihre Plätze zurück. Mattie nahm den anderen Becher und wandte sich zu mir. Der Becher enthielt eine rote Flüssigkeit, die ich als Wein identifizierte. Mattie tauchte einen Finger hinein und malte einen Halbmond auf meine Stirn.

«Ich, Matilda, segne Euch, Ann», sagte sie. «Ihr seid

die Göttin.» Dann reichte sie mir den Becher und bedeutete mir, den Segen bei der Frau neben mir zu wiederholen, die sich erwartungsvoll zu mir umdrehte und mir ihren Namen nannte.

«Ich, Ann, segne Euch, Edith», sagte ich. «Ihr seid die Göttin.» Dann reichte ich ihr den Becher. Auf diese Art wanderte er von einer Frau zur anderen durch den ganzen Kreis. Tränen stiegen mir in die Augen, als ich mich an das heiligste und geheimste Ritual meiner Clanschwestern erinnerte, das wir zu Beginn jedes neuen Jahres vollzogen. Wir segneten einander, indem wir uns gegenseitig mit unserem heiligen Mondblut ein Zeichen auf die Stirn malten. Das Blut war der wirkliche Wein des Lebens, die sichtbare Bestätigung des Geistes der Göttin in uns. Die Zeremonie besiegelte unsere gegenseitige Verpflichtung, das Leben der anderen zu stärken und zu unterstützen. Wie hatten diese Frauen hier, die nichts von meinem Volk wußten, eine so ähnliche Zeremonie entwickeln können? Zeigte sich darin die wahre Inspiration der Mutter in diesem dunklen, abgeschiedenen Raum?

Als der Becher wieder bei Mattie angelangt war, stellte sie ihn auf den Altar, räusperte sich und ergriff das Wort.

«Liebe Schwestern», sagte sie. «Wir haben uns in dieser besonderen Nacht versammelt, um die Toten zu ehren, die uns in den ewigen Strudel der Elemente vorausgegangen sind, aus dem wir alle gekommen sind und zu dem wir alle zurückkehren werden. Wie unsere Ahninnen, die über Jahrhunderte hinweg zusammensaßen, erwecken wir die Geister unserer Toten und erzählen ihre Geschichten. Mögen wir uns vom Memento Mori inspirieren lassen.»

Auf der anderen Seite des Kreises erhob Rose den Totenschädel und hielt ihn in den Händen. «Hekate,

Königin der Toten, höre unsere Erinnerungen. Cerridwen, Mutter des Grabes, Hüterin der Inspiration, schenke uns wahrhaftige Sprache. Nephthys, Jungfrau des ewigen Schlafes, sei mit uns in der Stunde unseres Todes. Ischtar, Herrin über sieben Schleier, weise uns den Weg in die Unterwelt.«

Sie lehnte sich zurück, legte den Schädel in ihren Schoß, nahm die Perlenkette vom Altar und hob sie über ihren Kopf, damit alle sie sehen konnten. Das, so sagte sie, sei das Hochzeitsgeschenk ihres Großvaters an ihre Großmutter gewesen. Es war das einzige persönliche Geschenk, das er ihr je gemacht hatte. Bis an ihr Lebensende bekam Roses Großmutter nur noch praktische Dinge für den Haushalt – Küchengeräte, Bettwäsche, Geschirr, Besen und Mops. Sie war mit fünfzehn Jahren von ihrem Vater an ihren Ehemann verkauft worden. Damals war dieser Mann, den sie durch eine Art Funktionär, der sich Heiratsvermittler nannte, kennengelernt hatte, zweiundvierzig Jahre alt und ein Scheusal.

Rose erzählte, sie könne sich heute noch an die Härte erinnern, mit der ihr Großvater die Großmutter behandelt hatte. Die alte Frau weinte heimlich in der Küche, aus Angst, daß ihr Mann das Essen nicht mögen und sie mit seinem Stock verprügeln würde. Er starb mit dreiundneunzig, und je älter er wurde, um so weniger konnte man es ihm recht machen. Trotzdem lehnte sich die Großmutter nie gegen ihn auf, setzte sich nie zur Wehr. Doch als er starb, so fuhr Rose fort, hatte sie auf seinen Sarg gespuckt und seine Seele verflucht. «Jetzt bin ich endlich frei», hatte sie zu ihren Kindern gesagt.

Als sie die Geschichte zu Ende erzählt hatte, reichte Rose den Schädel an ihre Nachbarin weiter, eine gebrechliche, ältere Frau, die eine stahlgerahmte Brille trug. Die Hände der Frau zitterten vor Schwäche, doch ihre

Stimme war klar. «Bald werde ich selbst zu den Toten gehören. Die Hand des Todes hält mich schon umfangen. Ich habe Krebs und werde von innen zerfressen. Doch ich beklage mich nicht. Mein Leben war lang und interessant. Und bevor die Schmerzen unerträglich werden, setze ich ihm mit eigener Hand ein Ende. Mattie hat mir geholfen, alles vorzubereiten. Heute abend will ich euch die Geschichte einer anderen Selbstmörderin erzählen, die ich mein ganzes Leben lang hoch geachtet habe. Sie hieß Boadicea oder Boudicca und war eine englische Königin, die vor mehr als zweitausend Jahren lebte. Sie führte ihr Volk, das die Göttin verehrte, in eine Erhebung gegen die grausamen, gottgläubigen Invasoren aus Rom. Ihre Heerscharen töteten mehr als siebzigtausend Eindringlinge, aber die Römer schickten Verstärkung in überwältigender Zahl, bis der Aufstand niedergeschlagen war. Boadiceas Volk wurde vernichtet. Sie tötete sich, bevor sie selbst in die Hände ihrer Feinde fiel und erniedrigt werden konnte. Sie war eine große Kriegerin, die mit Würde starb. So will auch ich es halten.»

Ich fand diesen Bericht sehr bewegend. Tränen schossen mir in die Augen beim Anblick dieser tapferen Frau, die jetzt den Schädel an ihre Nachbarin weiterreichte, eine rundliche Frau mittleren Alters mit goldenem Haar. Sie skizzierte das Leben einer Schriftstellerin, die vor dreißig Jahren gelebt und Bücher geschrieben hatte, in denen sie die patriarchalische Religion verurteilte. Sie erklärten auch, wie die Überlieferungen der Göttin im Verlauf der Geschichte entweder böswillig unterdrückt oder verfälscht worden waren. «Ihre Bücher waren die Inspiration meines Lebens», sagte die Goldhaarige. Sie nahm ein Stück Papier vom Altar und las dem Kreis ein paar Sätze vor. Es waren starke und ermutigende Worte.

Die nächste Frau beschwor den Geist ihrer Tochter, die umgekommen war, als ihr Wagen mit einem anderen zusammenprallte, an dessen Steuer ein betrunkener Mann gesessen hatte. Die Mutter zeigte uns ein Photo ihrer Tochter und beschrieb ihr Wesen. Offenbar war es ein sanftmütiges, fröhliches Mädchen mit viel Humor gewesen. Die Puppe auf dem Altar hatte ihr gehört, als sie klein war. Ihr Verlust war für die Mutter bis heute unerträglich. Am Ende brach sie in Tränen aus, und einige der anderen Frauen weinten mit ihr.

Die nächste Frau behielt den Totenschädel so lange auf dem Schoß, bis die Ärmste sich wieder beruhigt hatte. Dann erzählte sie von einer Frau namens Margaret Sanger, die gegen die Gesetze ihres Landes gekämpft hatte, um Frauen dabei zu helfen, die Zahl ihrer Kinder selbst zu bestimmen. Vor Margarets Zeit hatten Männer ihren Samen nach Belieben in den Körper ihrer Frauen entleeren können, ohne Rücksicht auf die Wünsche, Gefühle oder sexuellen Bedürfnisse ihrer Frauen. Viele Frauen wurden ungewollt immer wieder schwanger, wie Kühe. Das war die Regel, sogar wenn sie erschöpft oder krank, wenn sie vergewaltigt worden, unverheiratet oder zu jung waren, um Mütter zu sein. Es war ihnen nicht erlaubt, Schwangerschaften zu verhindern oder abzubrechen, die ihnen Schande bereiten oder aufgrund deren sie als Verbrecherinnen gelten würden, nicht einmal Schwangerschaften, die sie möglicherweise nicht überstehen würden, weil ihre Körper bereits zu geschwächt waren.

Jahrelang war Margaret auf unfairste Art verfolgt worden, weil sie sich gegen dieses grausame System auflehnte, aber am Ende trug sie den Sieg davon und erreichte, daß Geburtenkontrolle rechtlich sanktioniert wurde. Selbst das hielt einige religiöse Gruppen nicht davon ab, ihren weiblichen Mitgliedern die Empfängnisverhütung zu verbieten. Margaret aber hatte den ersten Schritt zur Kontrolle der Frau über ihre eigenen Fortpflanzungsorgane getan.

Ich wußte, daß ich erst sprechen durfte, wenn der Totenschädel bei mir angelangt war, daher sagte ich mir nur innerlich, daß diese Margaret wirklich eine Heldin gewesen sein mußte.

Der Schädel machte die Runde. Jede Frau hatte eine Geschichte zu erzählen. Eine beschrieb das Leben einer großen Königin namens Elizabeth, die Jahrhunderte zuvor gelebt hatte. Eine andere sprach über eine antike Dichterin und Priesterin namens Velleda, deren Werke die Göttin priesen und aus diesem Grund von den Priestern des Gottes verboten worden waren. Eine andere stellte uns eine brillante Wissenschaftlerin vor, die über die Zusammensetzung der Sterne geschrieben hatte; ihre Arbeit wurde zuerst verlacht und dann von ihren männlichen Kollegen, die weniger Qualifikationen hatten, aber doppelt so viel Geld verdienten wie sie, ausgeschlachtet. Eine andere Frau sprach über ihre Freundin, eine Krankenschwester, die an einer Lungenkrankheit gestorben war, nachdem sie Menschen betreut hatte, die daran erkrankt waren. Ihre Haarnadel lag auch auf dem Altar.

Als der Totenschädel bei Diana angelangt war, sagte sie: «Die Tote, die ich heute abend ehren möchte, ist keine Frau, sondern ein Tier: Anns geliebte Windsbraut, die ganz sicher tot ist. Doch Ann glaubt, daß sie die Seele ihrer Windsbraut im Körper eines anderen Tieres wiederentdeckt hat, das auf diesem Anwesen lebt. Wenn wir von dem Riß zwischen den Welten sprechen und von Kommunikation zwischen den Lebenden und den Toten am Vorabend von Allerheiligen, dann hat es dieser seltsame

Umstand sicherlich verdient, in unserem Kreis Erwähnung zu finden.«

Als nächste erzählte Mattie von ihrer älteren Schwester Lillian, einer völlig eigenständig denkenden Frau, die das Vermögen der Familie ausgeschlagen und ihr Land verlassen hatte, um unter primitiven Menschen auf einer fernen Insel im großen Meer zu leben. Sie verliebte sich in den Sohn des Stammeshäuptlings und lebte mit ihm, bis sie an einer tropischen Krankheit starb. Mattie erzählte, wie sie in ihrer Jugend immer zu ihrer Schwester Lillian aufgeblickt und sich danach gesehnt hatte, ebenso entschlossen und unabhängig zu werden wie sie. Auf dem Altar lag ein Rubinring, der ihrer Schwester gehört und den diese ihr am Tag ihrer Abreise mit dem Hinweis geschenkt hatte, daß sie von nun an keine Verwendung mehr für Schmuck haben werde.

Dann war ich an der Reihe. Ich nahm den Schädel und umfaßte ihn mit beiden Händen. Ich versuchte, die harten Knochen im Geiste mit Fleisch und Blut auszustatten, mir vorzustellen, wie sie im Leben ausgesehen haben mochten. Es war der Schädel einer Frau, wie man an dem relativ kleinen Kiefer und der gewölbten Stirn erkennen konnte. Einen kurzen Moment lang flackerte das Gesicht wie ein Schatten über den Knochen vor mir auf. Ich sah dunkle Augen, eine lange Nase, großzügige, gern lächelnde Lippen. «Ich sehe sie», sagte ich. «Sie war nicht sehr alt. Ich glaube, sie starb sehr plötzlich oder durch Gewalt.» Ich beschrieb sie. Was ich nicht sagte, war, daß das Gesicht große Ähnlichkeit mit meiner Tante Leukippe hatte.

Der Schädel wanderte weiter, bis jede Frau ihre Geschichte erzählt und die Toten angerufen hatte. Eine, die mich ganz besonders entsetzte, handelte vom kollektiven Bewußtsein der «neun Millionen». Anscheinend war dies eine Anspielung auf eine geschätzte Zahl von neun Millionen unschuldigen Frauen, die von Priestern des offiziellen Gottes bei lebendigem Leib verbrannt worden waren. Diese umfassende Verfolgung war erst vor vier Jahrhunderten beendet worden. Man hatte die Frauen der unmöglichsten Verbrechen beschuldigt, die sie angeblich mit Hilfe von Magie und Teufelsanbetung vollbracht hatten, und sie anschließend mit unbeschreiblichen Foltermethoden gezwungen, diese Verbrechen zu gestehen. Zur gleichen Zeit aber brachte man den Frauen bei, diesen Gott anzubeten!

Ich konnte es kaum glauben. Neun Millionen! Neun mal tausend mal tausend! Eine Zahl, die alles Begreifen überstieg, weit mehr, als in meinem Land je gelebt hatten. Doch selbst diejenigen, die von der Verfolgung der neun Millionen wußten, schienen häufig bereit zu sein, dem Gott, der sie angeordnet hatte, zu verzeihen, genauso wie sie ihm die Folterung und Ermordung seines Sohnes verziehen hatten. Keine Frau aus meinem Volk hätte für ein solches Verhalten Verständnis aufbringen können.

Schließlich schlug Mattie vor, wir sollten uns die Hände reichen und uns vorstellen, daß all diese Toten hinter uns standen und sich unseres Gedenkens bewußt waren. Ich erinnerte mich, daß meine Mutter bei Familienversammlungen, die anläßlich von Aussaat und Ernte abgehalten wurden, unsere Ahninnen auf dieselbe Art angerufen hatte.

Ich saß mit geschlossenen Augen da und versuchte, mich auf ihre Gegenwart zu konzentrieren. Plötzlich spürte ich eine Berührung an der Schulter. Die beiden Frauen zu meinen Seiten konnten es nicht gewesen sein, denn ich hielt sie noch immer an den Händen. Ich öffnete die Augen und sah mich um. Da war niemand.

Jetzt begannen die Frauen ein leises Summen; es schien ganz spontan und von allen gleichzeitig zu kommen. Es schwoll immer mehr an, bis sich alle Stimmen zu einem lauten Schrei vereinigten, so wie bestimmte Gesänge der Priesterinnen, die ich in meinem Mutter-Tempel gehört hatte. Gleichzeitig hoben die Frauen langsam die Hände über die Köpfe. Manche riefen: «So bauen wir unseren Tempel!» Andere machten einen Gesang daraus. Nach und nach verebbten die Stimmen wieder, und es wurde still. Dann beugten sich alle Frauen nach vorn und legten ihre Hände auf den schwarzen Altar.

Damit war der feierliche Teil der Zeremonie abgeschlossen. Der Totenschädel wurde wieder auf den Altar gelegt, und an seiner Stelle wanderte jetzt eine seltsame kleine Eule von Hand zu Hand. Dabei sprachen die Frauen ungezwungen über alles, was ihnen auf der Seele lag, während die übrigen aufmerksam zuhörten. Keine ergriff das Wort, ohne daß sie an der Reihe war. Meine Clanschwestern hatten es ebenso gehalten, wenn es galt, ein Problem zu lösen oder ein Urteil zu sprechen, nur hatten sie statt der Eule einen heiligen Stein herumgehen lassen. Wie es auch bei uns Sitte gewesen war, konnte jede Sprecherin, die sich eine direkte Antwort von einer anderen Person wünschte, die Eule unmittelbar an sie weiterreichen. Anschließend ging sie an die ursprüngliche Sprecherin zurück und wanderte von da aus weiter. Auf diese Weise erbat sich die unheilbar kranke Frau eine Antwort von mir. Sie sagte: «Wir sind sehr glücklich darüber, Diana und Ann heute abend bei uns zu haben. Fast alle von uns haben Dianas Buch gelesen und wollten sie gern kennenlernen. Doch jetzt habe ich eine Bitte. Ich möchte gerne, daß Ann uns etwas über ihre Vorstellung von der Alten Göttin erzählt, die um diese Jahreszeit gefeiert wird. Wir wissen ziemlich genau, wie sie im Frühjahr als grüngewandete, blumengeschmückte Jungfrau auftrat, die wir am Vorabend des ersten Mai verehren, und wir haben eine einigermaßen feste Vorstellung von der fruchtbaren Herbstmutter, die am Lammas oder Lugnasad gefeiert wird, aber über ihre Gestalt zu Beginn des hereinbrechenden Winters sind wir uns nicht so sicher. Manchmal erscheint sie zu rauh, zu kalt oder zu unversöhnlich. Willst du uns darüber etwas erzählen, Ann?«

Ich dachte sorgfältig nach und antwortete dann: »Die Alte Frau ist der Aspekt der Mutter, der bisweilen auch Schicksal oder Mutter Tod genannt wird. Du hast recht, wenn du sagst, daß sie häufig häßlich erscheint, denn die Menschen sehen den Tod als etwas Häßliches an – obwohl das Sterben des Sommers in diesem Land schön ist und voller bunter Fahnen wie ein Karneval. Die Priester in eurem Land leugnen den Tod und reden euch ein, daß ihr ewig leben könnt, doch die Wahrheit ist, daß sie es nicht wissen. Meine Leute würden sie für Narren halten. Unsere Priesterinnen sagen, die Todesmutter sei der große Schoß, in dem alles miteinander verschmilzt und umgestaltet wird, versteht ihr? Kein Individuum bleibt, was es ist, denn die Alte Frau sorgt für immer wieder neue Kombinationen.

Ohne sie gäbe es kein Leben, denn alle lebenden Wesen müssen andere Wesen zerstören, um am Leben zu bleiben. Eine Pflanze verwandelt sich ins Fleisch einer Kuh oder eines Menschen; das Fleisch der Kuh geht in menschliches Fleisch über, wenn die Kuh geschlachtet und verzehrt wird. Die Körper von Tieren und Menschen kehren zur Erde zurück und dienen den Pflanzen als Nahrung. Totes Fleisch verwandelt sich in Würmer, die zur Erde, oder in Gase, die zur Luft zurückkehren. Deshalb sind wir stets von unseren Vorfahren umgeben, selbst in der Luft, die wir atmen und in der Nahrung, die wir zu uns nehmen. Alles vergangene und gegenwärtige Leben ist eins. Es wechselt zwar seine Gestalt, aber im Grunde ist es dasselbe. Geburt und Tod sind gleichermaßen natürlich und gleichermaßen heilig, zwei Enden eines Lebens.

Unsere Priesterinnen sagen, daß man die Göttin erst dann voll versteht, wenn sich der Schleier des Todes hebt und man furchtlos in das alles versteinernde Gesicht blickt. Wir lernen, keine Angst vor dieser letzten Offenbarung der Alten Frau zu haben. Manchmal erscheint sie uns schwarz, weil sie die endgültige Finsternis ist. Andere Male ist sie weiß, so wie der Winter weiß ist, wenn alles in Kälte erstarrt, oder wie die Würmer des Todes weißlich sind. Und auch die Jungfrau ist weiß, denn der Tod bewirkt die Transformation der Elemente und früher oder später eine neue Geburt.

Wir sind wie die Blätter, die um diese Zeit des Jahres fallen. Durch sie wird uns unser Schicksal offenbart. Kein einzelnes Blatt wird neu erschaffen, doch es wird neue Blätter geben, die das Leben des Baumes erhalten. Ein Mutterclan ist wie ein Baum. Das Leben des einzelnen findet ein Ende, doch seine Substanz wird wiederverwertet, und das Leben geht weiter. Das ist das Gesetz der Natur, und es ist genug für uns, denn wir leben in jeder Sekunde unseres Lebens von der Natur, ob wir uns dessen bewußt sind oder nicht.

Die Menschen hier sind mit einem Leben nicht zufrieden, und sie verstehen auch nicht, wie der heilige Funken der Mutterschaft jedes kostbare Leben erschafft und erhält. Diese Menschen vergeuden in ihrer Narrheit die eigene oder fremde kurze Zeit des Bewußtseins. Sie achten sie gering, denn sie glauben, daß sie nach dem Tod erneuert wird, aber eine solche Vorstellung widerspricht der Natur. Die Göttin lehrt uns etwas anderes. Es wäre besser für die Menschen, dieses Leben zu lieben, so lange es dauert, und dann ohne Bedauern zu scheiden. Manchmal habe ich das Gefühl, daß sie wie verschreckte Kaninchen sind, die sich vor der Leere, vor dem dunklen Nicht-Sein, vor dem Anblick der Alten Frau fürchten. Sie stellen sich lieber eine Hölle mit ewigen Qualen vor, als daß sie den Gedanken ertragen, ihr vergängliches kleines Ich könne für immer in der Finsternis verschwinden.

Kinder fürchten sich im Dunkeln, aber Erwachsene sollten mutiger sein. Dunkelheit umhüllt den Schoß und das Grab, den Anfang und das Ende. Nichts bleibt für immer, was es war, nicht einmal die Berge, die Sterne oder die Götter. Früher oder später verschlingt die Alte Frau sie alle, denn sie symbolisiert die Unendlichkeit der Zeit. Wir alle sind gleichermaßen ihrem Gesetz ewigen Wandels unterworfen. Warum sollten wir unseren Tod fürchten? Wir können ihn ebensowenig beeinflussen wie unsere Geburt.«

Ich hielt die geschnitzte Eule hoch. «Es ist richtig, daß ihr die Bedeutung der Eule als heiligen Vogel der weisen Alten Frau erkannt habt. So hat auch mein Volk sie gesehen. Die Eule ist der Vogel der Finsternis. Sie kennt die Nacht. Sie tötet rasch. Mutter Tod nimmt gelegentlich die Gestalt dieses Vogels an, denn er verkörpert ihre Weisheit. Außerdem zeigt ihr Gesicht zuweilen Ähnlichkeit mit dem einer Katze, ebenfalls eines ihrer heiligen Geschöpfe. Doch ich halte die Eule schon zu lange fest. Meine Rede ist zu einer Predigt geworden. Verzeih mir.» Damit reichte ich die Eule an die alte Frau zurück.

Sie sagte: «Es gibt nichts zu verzeihen. Deine Erkenntnisse sind uns sehr wichtig. Du bist eine wahre Priesterin.»

Es machte mich verlegen, daß sie meinem unzureichenden Wissen so viel Wert beimaßen. Ich hatte das Gefühl, daß ich den ehrenhaften Titel einer Priesterin nicht verdiente. Ich beschloß, mehr Bücher zu lesen und mehr über spirituelle Vorstellungen im allgemeinen zu lernen. Ich wollte mich deutlicher ausdrücken können.

Die nächste Frau sagte: «Ich finde es immer sehr schön, wenn die dunkle Jahreszeit beginnt. Für mich ist es eine Zeit der Stille und des Insichgekehrtseins. Auch die Natur ruht sich aus. Vom spirituellen Standpunkt aus ist es eine Zeit, in der man tiefer in sich hineinhorcht und versucht, seine Wurzeln wiederzuentdecken.»

Eine andere sagte: «Den ganzen Winter lang streue ich den wilden Tieren und Vögeln Futter aus. Das vermittelt mir das Gefühl, der Natur behilflich zu sein und ihren Geschöpfen bessere Überlebenschancen für das nächste Jahr zu geben. Wäre ich eine Waldpriesterin wie die alten Druidinnen, so sähe ich darin eine meiner vorrangigsten Pflichten.»

Wieder eine andere sagte: «Für mich war Samhain schon immer ein besonderer Tag. Ich mag ihn, weil ich ihn gewissermaßen für mich habe. Nur wenige Leute sehen in ihm einen offiziellen Feiertag – einen heiligen Tag, meine ich. Die wirkliche Bedeutung der Eulen, Katzen, Geister und Kürbislaternen ist längst untergegangen. Doch mir war dieser Tag stets heilig. Ich liebe das rote und schwarze Feuer der Nacht. Ich liebe die alte Bedeutung dieser Zeit, in der die Ernte eingebracht, Vorräte angelegt und Vorbereitungen für den langen Winterschlaf getroffen werden. Es ist eine schöne Zeit, und ich bin froh, sie hier mit meinen geliebten Schwestern verbringen zu dürfen.»

Rose las ein Gedicht vor, das sie vor kurzem geschrieben hatte. Mattie sprach über die Pläne für den

Tempel. Edith erzählte von einer bevorstehenden Reise an einen Ort, der Australien hieß – «auf der anderen Seite des Globus», wie sie sagte. (Ich hatte immer noch Schwierigkeiten, mir Mutter Erde als eine Kugel vorzustellen, obgleich es einen symbolischen Sinn ergab.) Diana gestand, daß sie bei der Planung dieses Besuchs nicht erwartet hatte, an einer so gewaltigen spirituellen Erfahrung teilnehmen zu dürfen. «Es ist schön, ein solches Ritual mit gleichgesinnten Frauen zu vollziehen», sagte sie und endete mit dem Wunsch, daß viele Frauen ähnlichen Trost aus dem geplanten Tempel der Göttin schöpfen könnten.

Als alle zu Ende gesprochen hatten, nahmen sich die Frauen wieder an den Händen und sangen zum Abschluß im Chor:

Im Namen der Erde, ihrem Körper

Im Namen der Luft, ihrem Atem

Im Namen des Feuers, ihrer hellen Seele,

Im Namen des lebendigen Wassers in ihrem Schoß

Lassen wir unseren Kreis offen, doch ungebrochen.

Der Friede der Göttin erfülle eure Herzen,

Fröhlich kommen wir zusammen, fröhlich scheiden wir und kommen erneut zusammen.

Gebenedeit sei sie.

Danach kam die Zeit der Musikinstrumente. Eine Frau spielte Trommel, eine andere Flöte und wieder eine andere Gitarre. Manche Frauen tanzten. Andere verteilten Teller mit Essen und Flaschen mit Wein oder Saft. Alle aßen und unterhielten sich. Unmerklich ging die Zeremonie in eine Party über, bei der Diana und ich Ehrengäste waren.

Es war schon spät, als sich alle verabschiedeten und ihrer Wege gingen. Mattie und die Frauen aus ihrem Haushalt umarmten sich. Man sah, daß Mattie ihre Dienstboten nicht als Untergebene behandelte. Alle zusammen erweckten eher den Eindruck einer großen Familie. Ich verstand plötzlich, wie sie so viel guten Willen und Loyalität bei ihren Angestellten hatte erwecken können.

Dies fiel mir auch am nächsten Morgen wieder auf, als Mattie, Diana und ich uns am Frühstückstisch wiedersahen. Die im Anrichteraum beschäftigte Frau und das Mädchen erschienen mir jetzt nicht mehr als roboterhafte Fremde. Wir lächelten uns freundlich zu und grüßten einander, obwohl sie uns genauso rasch, still und aufmerksam bedienten wie zuvor. Wichtiger als formelle Unterschiede wie Gastgeberin, Gäste, Arbeitgeberin oder Angestellte war unser gemeinsames Frausein. Zum ersten Mal seit dem Verlust meines Mutterclans fühlte ich mich mit anderen Menschen als Diana wohl.

Nach dem Frühstück ging ich zu den Ställen, um mich von Melanie zu verabschieden. Ich war noch dabei, sie zu streicheln und ihr zärtliche Worte ins Ohr zu flüstern, als Adam in der Tür erschien. Er blieb wie angewurzelt stehen und starrte mich an. Ein Sonnenstrahl spielte in seinen goldfarbenen Augen und ließ sie aufleuchten. «Du bist also wiedergekommen», sagte er. Heute fehlte das «Ma'am».

«Wir brechen bald auf», sagte ich. «Ich wollte Melanie auf Wiedersehen sagen. Und dir auch.»

Er trat einen Schritt zurück. «Ich habe dich für unschuldig und gut gehalten, für ein Kind Gottes. Ich habe mich geirrt. Jetzt ist mir klar, daß du eine von ihnen bist – eine Hexe.»

Als er das Wort Hexe aussprach, sah ich in seinem Kopf eine ganze Kollektion von bösen Geistern in Frauengestalten. Mattie schien eine ziemlich bedeutende Teufelin zu sein, doch alle unterstanden einem noch größeren männlichen Teufel, der eine gewisse Ähnlichkeit mit unserem gehörnten Frühlingsgott hatte. Der arme Adam entdeckte die männliche Vorherrschaft sogar unter seinen imaginären Dämonen. Ich hatte seltsam gemischte Gefühle ihm gegenüber; ich empfand Mitleid, Verlangen, Zorn über seine Halsstarrigkeit und die Sehnsucht, ihn zu erleuchten – alles auf einmal. Immer noch spürte ich die ungeheure Anziehungskraft zwischen unseren Körpern, sie erschien stärker als je zuvor. Und ich weiß, daß es ihm nicht anders erging.

«Du hast eine falsche Ansicht von Frauen», sagte ich. «Sie tun nichts Schlechtes. Es sind gute Menschen. Sie wollen nur die Welt, die von Männern zerstört wird, erhalten und bewahren.»

«Sie wollen Gott leugnen, genau wie du», sagte er verbittert.

«Ich kenne deinen Gott nicht, und nach dem, was ich über ihn gehört habe, möchte ich ihn auch nicht kennenlernen. Aber glaube mir, wenn ich dir sage, daß Mrs. Bloodworth und ihre Freunde sich nicht im geringsten um ihn kümmern. Komm, laß uns als Freunde auseinandergehen. Ich trage dir nichts nach. Und ich finde dich sehr anziehend.» Damit streckte ich ihm meine Hand entgegen.

Er stand ganz still und schluckte mühsam. Dann griff er plötzlich nach meiner Hand, drückte sie fest und starrte mir ins Gesicht. Einen Augenblick glaubte ich schon, er wolle mich an sich ziehen, doch dazu kam es nicht. Im nächsten Augenblick drehte er sich auf dem Absatz um und ging ohne ein weiteres Wort hinaus. Ich wußte zumindest teilweise, warum er so erregt war, und mußte lächeln. Das war kein endgültiger Abschied. Wir würden uns wiedersehen, denn so hatte es die Mutter bestimmt. Es gab einen Grund für all das, und eines Tages würden wir ihn erfahren.

Bevor wir losfuhren, mußten wir Mattie versprechen, zur Einweihung des Tempels zurückzukehren. Dann verabschiedeten wir uns von Rose und den anderen Mitgliedern des Hauses und fuhren durch das große Tor davon. Der Wachmann salutierte.

Auf dem Weg nach Hause erzählte ich Diana von Adam. Sie hielt nichts davon, daß er tatsächlich der Mann war, den ich in der Schlacht getötet hatte. «Aber warum nicht?» fragte ich, «wenn ich meine Windsbraut in einem lebendigen Pferd wiederentdecken kann? Außerdem spüre ich tiefe Feindschaft zwischen uns, obgleich unsere Körper von brennendem Verlangen füreinander verzehrt werden. Ich glaube nicht, daß ihm ein früheres Treffen bewußt ist, und trotzdem hat er Angst vor mir. Wahrscheinlich bin ich ihm – wie heißt das noch? – unter die Haut gegangen.»

Diana lachte. «Davon gehe ich aus. Im übrigen bin ich sicher, daß der arme Kerl dich nicht so schnell vergessen wird. Du weißt gar nicht, welche Macht du hast, Ann. Aber jetzt sollten wir irgendwo anhalten und etwas essen. Wie wär's mit einem von diesen schrecklichen Milkshakes, die du so gern magst?»

KAPITEL 11

Diana und ich fuhren zu unzähligen Interviews, Workshops, Vorträgen und anderen öffentlichen Veranstaltungen, die den Verkauf ihres Buches und meines Videotapes fördern sollten. Auf diesen Reisen gewann ich eine Vorstellung von der ungeheuren Größe des Landes, das nur eine einzige Nation war, von der Vielfalt seiner Bewohner und den Vor- und Nachteilen seiner Zivilisation.

Je mehr ich mich an Highways, Städte und Flughäfen gewöhnte, um so mehr verlor ich meine anfängliche Begeisterung dafür. Ich ertappte mich dabei, daß ich für die unglaublichen Erscheinungen hinter den Flugzeugfenstern beinahe genauso gleichgültig wurde wie meine Mitreisenden. Der Anblick des Landes von oben erschien mir allmählich eher traurig als erregend. Ich entdeckte riesige Flächen von potentiellem Ackerland, das unter verzweigten Straßennetzen, wuchernden Städten, Einkaufszentren, Parkplätzen und Fabriken begraben lag; Land, das von giftigen Industrieabfällen geschädigt und ruiniert, vom Ruß geschwärzt und von Maschinen unfruchtbar gemacht worden war. Jetzt sah ich die häßliche graue Färbung der einstmals klaren Flüsse, die trüben braunen Dunstwolken über den dichtbesiedelten Gegenden und die Narben da, wo die Erde aufgerissen worden war. Diese Bilder erfüllten mich mit Entsetzen. Bestimmt war die Mutter sehr böse auf die Kinder, die ihren Körper zerfraßen, ihren Atem und ihr lebendiges Blut in Gift verwandelten und sich mehr oder weniger wie gefährliche Parasiten verhielten. Diese Menschen machten die Mutter Erde krank und nahmen ihr die Luft zum Leben, nur um ihre eigene erschreckende Zivilisation zu erhalten.

Je mehr Leute ich kennenlernte und mich mit ihnen unterhielt, um so mehr lernte ich über die Sitten und Gebräuche in diesem Land. Im Fernsehen konnte man sehen, daß überall die Gesetze gebrochen wurden, und das Fernsehen besaß die größte Macht über das Leben und die Einstellungen der Menschen. Von Kindesbeinen an erhielten sie tägliche Fernsehlektionen im Verletzen, Erschießen, Ermorden, Berauben und Brandschatzen. Außerdem lernten sie, wie man Bomben legt und Menschen mißhandelt – besonders wie Männer Frauen mißhandeln. Das Fernsehen vermittelte den Kindern die lebendige Vorstellung einer Welt voller durch Menschenhand verursachter Übel und vergaß darüber, ihnen die natürliche Welt zu zeigen oder zumindest Möglichkeiten, sie zu verbessern. Unterricht in Sexualität, Mutterschaft, Krankenpflege, Tierhaltung, Konzentrationsübungen oder Umgang mit der Natur fehlte völlig.

Normalerweise hatten Kinder in dieser Gesellschaft keine Ahnung vom Leben der Bäume, Pflanzen oder Kräuter, von den Gewohnheiten der Insekten, den Eigenschaften der Steine, den Bewegungen der Sterne oder den Phasen des Mondes. Sie wußten nicht, und sie kümmerten sich auch nicht darum, woher ihr tägliches Essen kam. Sie dachten nie darüber nach, daß die Erde Früchte hervorbringt, oder daß man die Kühe der Milch und die Hühner der Eier beraubte, die die Natur für deren Nachkommenschaft vorgesehen hatte, oder daß man den Schafen ihre Lämmer wegnahm und sie schlachtete, damit sie den Menschen als Nahrung dienten. Trotz der vielen verfügbaren Informationen wußten diese Kinder nicht, wie ihr eigener Körper funktionierte. Sie waren zu ungeduldig, um zuzuschauen, wie Spinnen ihre Netze webten oder Vögel ihre Nester bauten, aber sie konnten stundenlang stillsitzen und zuschauen, wie die Figuren der Comicfilme sich gegenseitig immer wieder verprügelten. Und in den Pausen gaukelte ihnen die Werbung ungesundes Essen und sinnloses Spielzeug vor.

In den Schulen lernten die Kinder, sich Drogen zu beschaffen, die das Bewußtsein noch mehr einengten. Das Verteilungssystem war angeblich illegal, tatsächlich aber stellte es einen wesentlichen Bestandteil der Volkswirtschaft dar. Dieses System erreichte jedes Kind in einem frühen, noch formbaren Alter. Die erwachsenen Autoritätspersonen gaben nur vor, dies verhindern zu wollen. In Wirklichkeit verlagerten sie die Verantwortung auf die Kinder, denen sie einerseits eintrichterten, «nein» zu sagen, während zugleich ein großer Anteil der erwachsenen Bevölkerung Gewinn aus Drogen und drogen-orientierten Aktivitäten zog. Kinder, die keine Ahnung hatten, wie ein Mann eine Frau lieben muß, wußten genau, wie man sich Heroin in die Vene injiziert: Sie hatten es im Fernsehen gesehen.

Themen, die jung und alt am allermeisten beschäftigten, kamen mir häufig unendlich trivial vor. So waren meine Mitmenschen zum Beispiel über das Privatleben von Rockstars und anderen Entertainern informiert, kannten die Refrains von Popsongs, wußten über die neueste Entwicklung der Seifenopern im Fernsehen, kleinste Unterschiede in Automodellen, unzählige Markennamen und den letzten Schrei in der Mode genauestens Bescheid. Während das männer-fixierte militärische Establishment weiterhin die fürchterlichsten Waffen entwickelte und hortete und damit imstande war, jede Form von Leben zu vernichten, einschließlich der Kinder, die das Überleben der Menschheit garantierten, plauderten die Frauen in dieser Welt über Parties, Rezepte, Bohnerwachs und Möbelpolitur.

Offensichtlich kam es ihnen gar nicht in den Sinn, sich als Schwestern zu erheben und mit einer Stimme die Ziele dieser Welt für falsch zu erklären oder darauf hinzuweisen, daß die Vernichtung von natürlichen Rohstoffen ein Verbrechen ist, bewußtseinszerstörende Drogen aus den Schulen verbannt, Vergewaltigung und Mord ein Ende haben mußten und daß Männer ihre Moral von den Müttern statt von den Vätern übernehmen sollten. Das Fernsehen hämmerte ihnen pausenlos ein, Frauen seien angesichts der männlichen Vorherrschaft machtlos und es gehöre sich für Frauen nicht, das Tun der Männer zu beurteilen. Jedenfalls zeigte es den Frauen nicht, wie sie sich auflehnen konnten.

Zusammen mit dieser Verharmlosung oder Unterdrückung des wichtigen weiblichen Gespürs dafür, wie alles miteinander verflochten ist, vollzog sich die unausweichliche Auflösung des Clans und der Familie, die so allgegenwärtig war, daß man sie für ganz selbstverständlich hielt. Zum Beispiel erwartete man von Kindern in der Pubertät, daß sie sich an Entfremdung und Einsamkeit gewöhnten und Erwachsene ablehnten. So etwas wäre bei meinem Volk undenkbar gewesen. Man fand nichts dabei, daß erwachsene Kinder (sogar die Töchter!) das Haus ihrer Mütter verließen, von den übrigen Mitgliedern ihrer Familie getrennt lebten und ihre Kinder allein aufzogen. Ebenso normal war es, daß die eigenen Kinder sich nicht um einen kümmerten, wenn man alt und hilflos wurde. Alte Menschen lebten isoliert in unpersönlichen Heimen und mußten ihrem Tod allein entgegensehen.

Nur selten gab es Großmütter, die den Kindern etwas beibringen oder vermitteln konnten. Die Großmütter waren vom Fernsehen verdrängt worden. Die Zersplitterung der Familie wurde zudem gefördert von Arbeitgebern, die männliche Angestellte häufig weit von ihrer ursprünglichen Heimat entfernt beschäftigten und erwarteten, daß diese ihre Frauen und Kinder mitnahmen. Offenbar fand niemand etwas bei dieser Entwurzelung der Familie, bis auf einige Kinder, doch wie die sich an eine neue Umgebung anpassen sollten, kümmerte niemanden.

Vom menschlichen Standpunkt aus war es eine traurige Welt, eine Welt voller armer, vereinsamter Geschöpfe. Den Unglücklichsten sagte man, sie seien selbst schuld an ihrer Unfähigkeit, sich an diese unsoziale Gesellschaft anzupassen. Dann übergab man sie einem besonderen Berufszweig, sogenannten Psychiatern, die den Leidenden eine Menge Geld abknöpften, ihnen aber nur in den seltensten Fällen helfen konnten.

Während ich all dies beobachtete, dachte ich, der eigentliche Grund für das weitverbreitete spirituelle Unbehagen müsse der Verlust des Mutter-Bildes in dieser Zivilisation sein, der von einer weitverbreiteten Respektlosigkeit für Mütter im allgemeinen begleitet war. Die mutterlosen Kinder verstanden gar nicht, was mit ihnen los war. Sie lebten in einer materiellen Geborgenheit, die die kühnsten Träume ihrer Vorfahrinnen übertraf, doch inmitten dieser Pracht sah ich sie verhungern.

Wenn unbefriedigte Menschen spirituelle Geborgenheit suchten, hatten sie keine andere Wahl, als zu männlichen Priestern zu gehen, die nur ein Vater-Bild anzubieten hatten und behaupteten, daß ihr Gott (dessen Realität niemals in Frage gestellt werden durfte), sie lieben und unterstützen werde. In Wirklichkeit war er ein unberechenbarer, unversöhnlicher und extrem rachsüchtiger Gott. Viele Leute glaubten, daß er die Mehrheit der Menschen zu ewigen und unvorstellbaren Qualen verurteilte. Von sinnlicher oder sexueller Geborgenheit hielt er gar nichts. Er hatte sogar die Geburt in eine Strafe für eine ererbte, aber unvergeßliche Sünde verwandelt. Diesen Gott beschworen sie vor einem Krieg und dankten ihm für einen Sieg, auch wenn er Tausende von unschuldigen Frauen und Kindern das Leben gekostet hatte. Mir erschien er als ungeheuer böse.

Ich konnte gut verstehen, warum Frauen wie Mattie es notwendig fanden, einen Mutter-Tempel aufzubauen und die Menschen in angemessener Verehrung der Mutter zu unterweisen – nicht als transzendente Gottheit, sondern als lebendige, der Natur und besonders den Frauen innewohnende Lebenskraft. Anhänger der Mutter brauchten keine Hölle zu befürchten, nur den Tod und den natürlichen Übergang in eine andere Materie. Diese Vorstellung würde viele überflüssige Ängste beseitigen können. Anhänger der Mutter verstanden die lebensnotwendige Bedeutung der Blutsbande. Anhänger der Mutter wußten, daß die meisten Arten von Liebe zwischen den Menschen gut sind, nicht schlecht, daß man seinen Körper achten, schützen, befriedigen und gesund erhalten muß, statt ihn zu vernachlässigen, und der äußeren Gestalt der Mutter Erde und ihrer Geschöpfe ähnliche Sorgfalt angedeihen lassen sollte.

Das Vakuum, das durch den Verlust der Mutter entstanden war, war durch einen Gott gefüllt worden, dem auch Adam Treue geschworen hatte: Jesus. Ich hatte den Eindruck, daß dieser Jesus ein offensichtlich feminisierter Mann war, der Kranke heilte, Tote auferstehen ließ, sich liebevoll um kleine Kinder kümmerte und seinen Anhängern riet, die Schläge ihrer Feinde passiv hinzunehmen. Er selbst hatte sich vor langer Zeit auf Befehl seines eigenen Vater-Gottes zu Tode foltern lassen.

Die Meinungen über Jesus gingen radikal auseinander. Manche behaupteten, er sei ein Mensch wie jeder andere gewesen. Andere glaubten, daß er Gott selbst war. Wieder andere waren überzeugt, daß er das auf wunderbare Weise gezeugte Kind Gottes war, wie jene Könige aus dem Osten, von denen unsere Priesterinnen erzählt hatten. Angeblich waren sie die Früchte einer Vereinigung von königlichen Priesterinnen mit den Göttern auf dem Gipfel eines hohen Berges. Noch andere sahen in Jesus eine verwirrende Mischung von sterblicher und himmlischer Natur, die sich nicht ganz eindeutig von dem sterblichen Körper und der unsterblichen Seele unterschied, welche angeblich allen Menschen innewohnte. Viele nahmen Jesus symbolisch in sich auf, als wollten sie seine Eigenschaften auf sich übertragen, indem sie eine Mehlpaste aßen und Wein tranken, die ihre Priester feierlich zu Fleisch und Blut Jesu erklärt hatten.

In dieser erschreckenden Mannigfaltigkeit von religiösen Sekten und Theologien stieß keine Vorstellung auf vollständige Akzeptanz, doch jedermann glaubte an etwas. Im allgemeinen galt Jesus als sanft, friedliebend, fürsorglich, tolerant und aufopfernd – kurz, als mütterlich, so wie man hier Mütter verstand, und dies stand in starkem Gegensatz zu dem strafenden Gott, mit dem er ebenfalls identifiziert wurde.

Die Macht der Mutterschaft wurde zynisch ausgebeutet und zugleich herabgewürdigt von den durchweg männlichen Priestern, die die Frauen überzeugten, daß sie ihren Kindern ständige Unterweisung in dieser rein männlichen Religion angedeihen lassen mußten, unter Androhung schrecklichster Folgen für den Fall, daß das Kind «gottlos» aufwuchs. Es gab keinerlei offizielle Alternative zur Verehrung des Vaters oder des Mannes. Natürlich bestanden kirchentreue Väter darauf, daß ihre Töchter ebenso wie die Söhne in dieser unweiblichen Religion unterrichtet wurden, damit sie von frühester Kindheit an mit Respekt vor dem Prinzip des Männlichen aufwuchsen und lernten, sich der männlichen Vorherrschaft unterzuordnen.

Wenn Dianas Theorie richtig war, dann hatten die zu meiner Zeit von den Griechen propagierten Überzeugungen und Gewohnheiten die ursprünglichen Werte des Mutterclans und die Religion der Göttin mittlerweile vollständig unterdrückt. Ich dachte oft daran, wie enttäuscht meine Clanschwestern sein müßten, wenn sie wüßten, daß ihren geliebten Überlieferungen keine Zukunft beschieden war und die Aggression der Vater-Anhänger schließlich unser Volk und unsere Lebensweise vernichten würde. Umsonst, so schien es, hatten unsere jungen Frauen und Männer sich zu Kriegern ausbilden lassen, um sich der Bedrohung durch die Griechen zu erwehren. Letztendlich waren wir zum Untergang bestimmt. Die Zivilisation würde einen unumkehrbaren Verlauf nehmen und schließlich in dieses unvorstellbar freudlose und kalte Zeitalter münden.

Manchmal verfluchte ich das Schicksal, das mich auf so unerklärliche Weise in diese unnatürliche Welt des Wissens katapultiert hatte. Das einzige, was mich durchhalten ließ, war Dianas unermüdliche Freundlichkeit und die Erinnerung an Matties Projekt. Ich hatte das Gefühl, die Frauen aus Matties Gruppe seien die einzigen wirklich erleuchteten Menschen, denen ich begegnet war.

Natürlich lernten wir auch ein paar furchtbar ignorante Menschen kennen, und manche davon konnten mit unserer Botschaft überhaupt nichts anfangen. Es gab Interviewer, die sich in aller Öffentlichkeit über uns lustig machten, uns beleidigten oder beschimpften. Religiöse Fanatiker sahen in uns unweigerlich das Übel schlechthin. Vieles wurde über uns geschrieben. Die intelligenteren Autoren ließen ihre Leser wissen, daß Dianas Theorien höchst unwahrscheinlich waren; die weniger intelligenten erklärten uns einfach zu Atheistinnen, Unruhestifterinnen, Hexen, Dämoninnen oder radikalen Feministinnen, wobei diese Bezeichnungen in ihren Köpfen offenbar mehr oder weniger austauschbar waren.

Häufig warf man uns bewußte Irreführung vor. Manchmal war ich die Schwindlerin und Diana diejenige, die mir auf den Leim gegangen war. Andere Male war es umgekehrt: Ich war die Muskelfrau, die von Diana mittels Hypnose so weit gebracht worden war, an ein vergangenes Leben zu glauben. Meistens aber sah man uns als Gaunerpärchen, das gemeinsam eine phantastische Masche ausgetüftelt hatte.

Doch es gab auch viele Menschen, die an uns glaubten. Manchmal waren unsere Interviewer höflich und seriös statt hinterhältig und aggressiv wie Billy Bobb. Frauen und Männer, die zu unseren Vorträgen kamen, stellten häufig sehr ernsthafte Fragen, auf die wir ebenso ernsthaft zu antworten versuchten.

Eine dieser ernsthaften Antworten führte zu einem zweiten berüchtigten Zwischenfall. Wir waren zu einer Fernseh-Talkshow mit einem männlichen Interviewer eingeladen worden, der Fragen aus dem Publikum aufgriff. Ich wußte mittlerweile, daß solche Fragen normalerweise vorab von den Programmdirektoren aufgezeichnet werden, damit jeder genau weiß, wer was sagen würde und wann. Doch wenn sich die Möglichkeit ergab, kümmerte sich Diana auch gern um nicht vorhergesehene Studiogäste. An diesem Tag hatten wir noch ein wenig Zeit übrig. Diana gab einer Frau aus dem Publikum mit dunkler Brille und einem großen fleischfarbenen Pflaster über der Nase ein Zeichen, ihre Frage zu stellen.

Die Frau stand auf und wandte sich an mich. •Ich weiß nicht, ob Sie sich noch an mich erinnern, aber wir sind uns schon einmal begegnet•, sagte sie. •Vor mehreren Jahren auf einem Parkplatz, als Sie mich gegen meinen brutalen Ehemann in Schutz genommen haben. Mittlerweile leben wir getrennt, und ich habe die Scheidung eingereicht, aber mein Mann will mich nicht in Ruhe lassen. Er behauptet, daß wir noch immer verheiratet sind, und daß er das Recht hat, in meinem Haus zu leben und in meinem Bett zu schlafen. Alle paar Wochen taucht er auf, und ich kann ihn nicht davon abbringen. Er ist immer noch ein Unmensch. Ich habe mehrmals die Polizei angerufen. Doch anscheinend kann sie auch nichts machen. Das letzte Mal hat er mich mit einem Schürhaken verprügelt und mir die Nase gebrochen.• Sie nahm die dunkle Brille ab und zeigte die blauroten Prellungen um beide Augen. Ich erkannte die Frau mit den Einkaufstüten wieder, deren Mann sie und die Kinder geschlagen hatte.

«Damals wußte ich noch nicht, wer Sie sind, Ann», fuhr sie fort, «aber ich habe alle Nachrichten über Sie verfolgt, seit Ihr Buch erschienen ist. Meine Frage lautet: Was haben die Frauen in Ihrem Land mit Ehemännern gemacht, die sie mißhandelten? Wenn ein Mann beschloß, seine Frau zu schlagen, weil er stärker war als sie, wie haben Sie ihn daran gehindert?»

«Zunächst wäre es in meinem Clan undenkbar gewesen, daß sich Mitglieder derselben Familie aus Wut schlagen», antwortete ich. «Wir haben unseren Kindern beigebracht, ihre Wut nicht an anderen auszulassen, genauso wie Sie Ihren Kindern beibringen, nicht in der Öffentlichkeit Pipi zu machen. Ein solches Verhalten kam bei normalen Leuten nicht vor, höchstens und dann ganz selten bei Menschen, die hoffnungslos krank waren. In meinem Dorf habe ich nie von einem derartigen Vorfall gehört.»

«Aber wenn es vorgekommen wäre, wie hätte man bei Ihnen reagiert?»

«Die Mutter hat Gesetze erlassen, die auch darauf vorbereitet waren. Wenn ein Mann einen Stock benutzte, einen Stein, eine Klinge oder eine andere Waffe, in der Absicht, eine Frau oder ein Kind zu verletzen, wurde ihm die Hand, die die Waffe gehalten hatte, abgeschlagen.»

Die Zuschauer schnappten nach Luft. Der Interviewer mischte sich ein. «Nun, Ann, das scheint allerdings ziemlich brutal für die sanfte, friedliebende Gesellschaft, die Sie beschreiben. Wie würden Sie eine solch extreme Strafe rechtfertigen?»

«Sie erscheint nur denen extrem, die daran gewöhnt sind, daß Männer Frauen schlagen», sagte ich. «In Wirklichkeit verursacht sie weniger Schmerzen, als eine mißhandelte Frau über Jahre des Leidens hinweg ertragen muß. Die Mutter hat für dieses Verbrechen eine angemessene Strafe festgesetzt. Im übrigen war es bei uns genauso selten wie etwa eine Vergewaltigung, die ebenfalls undenkbar war. Diana hat ja bereits beschrieben, wie unser Gesetz mit Vergewaltigern umging.»

Der Interviewer zuckte leicht übertrieben zusammen. «Ja, ich glaube, wir haben es alle gelesen und müssen es vielleicht nicht unbedingt vor der Kamera diskutieren. Was hätten Sie mit einem Mann gemacht, der nur seine Fäuste als Waffe gegen Frauen benutzt?»

«Er hätte für jede Wiederholung seines Vergehens einen Finger verloren, denn die Finger bilden eine Faust.»

Die Frau mit der dunklen Brille setzte sich, und ein anderer Studiogast stand auf und stellte eine Frage. Ich versuchte mich auf die folgenden Antworten zu konzentrieren, aber das zerschundene Gesicht dieser Frau ließ mich nicht mehr los. Drei Wochen später wußte ich warum.

Wir waren in einer anderen Stadt, als Diana mit der Morgenzeitung kam. Sie enthielt ein Photo der Frau, inklusive Pflaster und alles. Die Schlagzeile lautete: «Hand-Amputation durch mißhandelte Frau!», und darunter stand: «Beruft sich auf Amazonenrecht.» Die Meldung besagte, daß Irma Ledburns Ehemann sich gewaltsam Zutritt zur Wohnung seiner von ihm getrennt lebenden Ehefrau verschafft und sein Abendessen verlangt hatte. Seine Frau hatte ihm etwas zu essen und Wein vorgesetzt, der mit Schlaftabletten vermischt war. Dann hatte sie ihm im Schlaf mit einem Beil die Hand abgehackt und am Schluß einen Krankenwagen gerufen, der ihn ins Krankenhaus brachte. Der Polizei hatte sie erklärt, sie habe jahrelange Qualen unter diesem Mann ausstehen müssen, ohne wirksamen Schutz vor ihm zu erhalten, so daß ihr schließlich nichts anderes übriggeblieben sei, als beim Amazonengesetz Zuflucht zu nehmen, so wie ich es dargestellt hätte. Dianas Buch, mein Video und die entsprechende Talkshow wurden ausdrücklich genannt.

Die Geschichte bekam eine Menge Publicity. Feministische Gruppen nahmen den Fall Irma Ledburn auf und veranstalteten während der Verhandlung eine Demonstration vor dem Gerichtsgebäude, um dagegen zu protestieren, daß die vorsätzliche Verletzung ihres Mannes schwerer bestraft wurde als dessen brutales Verhalten ihr gegenüber. Am Ende wurde die Anklage gegen sie fallengelassen.

Doch dann passierte dasselbe noch einmal – und noch einmal. Plötzlich rollte eine Welle von Gewalt über das Land. Ehefrauen, die jahrelang von ihren Männern geschlagen worden waren, erhoben sich. Manche Männer rächten sich, indem sie ihre Frauen ebenfalls verstümmelten oder gar ermordeten. Hie und da begannen feministische Selbstschutzgruppen, die sich Amazonen nannten, brutalen Männern anzudrohen, ihnen die Hand abzuschlagen, wenn sie ihre Frauen nicht in Ruhe ließen. Manche dieser Gruppen gingen sogar dazu über, verurteilte Vergewaltiger zu kastrieren. Die um sich greifende Gewalt war schrecklich. Ich war entsetzt von der Grausamkeit, die unter der Oberfläche dieser Gesellschaft schlummerte und beim kleinsten Anlaß zum Ausbruch kam.

Doch am schlimmsten war, daß fast jede Nachrichtenmeldung die Gewaltanwendung auf mich und das schicksalhafte Interview zurückführte. Ich wurde entweder als sadistische Männerhasserin, Schwindlerin oder als Dummchen dargestellt. Man lachte mich aus, weil ich grausame Strafen als normale Routine einer angeblich friedliebenden Gesellschaft verteidigte. Kein Mensch kümmerte sich um meinen Hinweis darauf, daß solche Strafen selten nötig waren, weil sie mit Recht äußerst abschreckend wirkten.

Diana und ich bekamen eine Menge haßerfüllter Briefe. Ein Mann bezeichnete mich als «die verrückte schwanzstutzende Emanze» und schrieb, man sollte mir die Haare versengen, die Füße zerstückeln, die Titten abhacken und mir damit das Maul stopfen. Er unterzeichnete als «guter, gottesfürchtiger Christ, von der Art, an die Du nicht glaubst.» Frauen beschimpften mich als umnachtete Barbarin. Eine schrieb, man solle mich in einen Käfig sperren, bis ich Gott gefunden hätte. Eine andere erklärte, der Teufel würde mich holen: bei Neumond in genau zwei Monaten.

Darunter war auch ein beunruhigter – und beunruhigender – Brief von einer Frau, die fragte: «Warum können Sie Ihre kranken, sadistischen Phantasien nicht für sich behalten? Wissen Sie denn nicht, daß wir Mütter schon genug mit der Gewalt in den Medien zu tun haben und es kaum schaffen, unsere Kinder in diesem gefährlichen Land sicher großzuziehen? Leute wie Sie wollen Gewalt mit noch mehr Gewalt austreiben, wie bei einer Rache oder im Krieg. Sie liefern keine Lösungen, sondern nur eine neue Variante des alten Problems.»

Ich mußte weinen, denn sie hatte recht. Dadurch, daß ich die Wahrheit gesagt hatte und selbst eine Kriegerin war, hatte ich tatsächlich eine neue Version grausamen Verhaltens propagiert. Ich hatte nicht wissen können, wie eifrig die Leute darauf ansprechen würden, aber ich sah, daß meine Worte die ohnehin schlimme Lage noch weiter verschärft hatten. Wenn Diana und ich jetzt irgendwo einen Vortrag hielten, gab es immer irgendwo ganz hinten eine laute männliche Stimme, die uns mit Zwischenrufen aus dem Konzept zu bringen versuchte.

Dann kam der Artikel von Sarah Fine. Sechs Monate nach dem Interview präsentierte ein Zeitungsartikel von Sarah Fine das Ergebnis einer Untersuchung. Es besagte, daß bundesweit Männer ihre Frauen tatsächlich weniger häufig schlugen, seit die Methode des Handabhackens aufgekommen war. Auch waren weniger Vergewaltigungen registriert worden als in den vorausgegangenen fünf Jahren. Sarah Fine stellte eine These auf: da gewalttätige Männer Gewalt verstanden und darauf reagierten, ließen sie sich nur durch Angst motivieren. Grausame Rache durch Frauen funktionierte tatsächlich als Abschreckung, denn sie gab den männlichen Schindern wenigstens einen Grund, Frauen zu fürchten. Sarah Fine zitierte mehrere Vorfälle, in denen sich mißhandelte Frauen an «Amazonengruppen» gewandt hatten, um zu veranlassen, daß diese eine Warnung an die brutalen Ehemänner schickten. Häufig hatten daraufhin die Männer aufgehört, ihre Frauen zu schlagen. Andere Beispiele wurden von Frauen berichtet, die einer Vergewaltigung entgingen, indem sie dem Möchtegern-Vergewaltiger mit «amazonischer» Rache drohten. Diese Haltung schien mehr zu bewirken als die gewichtigen, traditionellen Mechanismen der Gesetzesvollstreckung. Der Artikel stieß auf breite Aufmerksamkeit und wurde in mehreren anderen Zeitungen nachgedruckt. Für Diana bedeutete er eine solche Genugtuung, daß sie Sarah Fine schriftlich dazu gratulierte.

Leider mußten wir aber auch lernen, daß Angst bestimmte antifeministische Fanatiker an den Rand des Wahnsinns treiben kann. Eines späten Winterabends verließen Diana und ich ein Fernsehstudio und überquerten die Straße, um zu dem Wagen zu gehen, der dort auf uns wartete. Ein dünner kalter Nieselregen fiel. Gruppen von Menschen standen unter ihren Schirmen auf der Straße. Das bunte Licht in den Schaufenstern ließ das nasse Straßenpflaster in allen Farben des Regenbogens schimmern. Von den Sicherheitsbeamten des Studios eskortiert waren wir nur noch wenige Schritte vom Wagen entfernt, als ein Schuß fiel. Diana stürzte zu Boden. Leute schrien.

Ich warf einen Blick in die Richtung, aus der der Schuß gekommen war und sah einen Mann in einem dunklen Mantel, der die Pistole noch immer mit beiden Händen umklammerte. Er schrie: «Stirb, du Amazonensau!» Ich kämpfte mich durch die Schirme und Menschen, die wie gelähmt dastanden, und stürzte mich auf den Mann. Er wich zurück, zielte erneut und drückte ab. Der Schuß verfehlte mich. Wieder schrie die Menge auf, und die Leute stoben in allen Richtungen auseinander.

Mit schreckgeweiteten Augen schleuderte der Angreifer seine Waffe nach mir und machte kehrt, um wegzulaufen. Zweifellos war es seine Panik, die mir das Leben rettete. Hätte er den Kopf behalten und noch einmal gut gezielt, hätte er mich unmöglich verfehlen können. Ich war ihm dicht auf den Fersen. Die Waffe hatte mich am Brustkasten getroffen, doch der dicke Mantel hatte den Aufprall gemildert. Es tat weh, konnte mich aber nicht aufhalten. Noch ehe der Mann drei Schritte weiter war, hatte ich ihn am Kragen gepackt. Ich brachte ihn aus dem Gleichgewicht, indem ich ihm ein Bein stellte, und verpaßte ihm dann, als er zu Boden ging, einen Genickschlag. Ich empfand unendliches Bedauern, daß ich mein Schwert nicht dabei hatte. Diesen Mann wollte ich töten.

Er wand sich auf dem Boden und versuchte, mich abzuwehren, als ich mich hinter ihn hockte, seinen Kopf packte und ihn mit aller Macht auf das Pflaster schlug, bis er aufhörte, sich zu bewegen, und bei jedem Schlag ein paar Tropfen aus der sich unter ihm ausbreitenden Blutlache spritzten.

Ein paar Leute ergriffen mich am Arm und zogen mich hoch. Ich befreite mich von ihnen und ging hinüber zu Diana. Zum Glück war sie nicht tot. Die Sicherheitsbeamten beugten sich über sie. Einer von ihnen hatte einen zusammengerollten Mantel unter ihren Kopf geschoben. Der Regen fiel ihr aufs Gesicht. Ihre Augen standen offen. Sie lächelte schwach und streckte mir die Hand entgegen.

Wie immer bei derart schockierenden Ereignissen hatte ich das Gefühl, daß die Zeit stehenblieb. Ich weiß nicht mehr, wie lange es dauerte, bevor die heulenden Sirenen und das flackernde rote Licht den Krankenwagen ankündigten. Ich hockte auf dem Bürgersteig und hielt Dianas Hand. Der Krankenwagen hielt neben uns. Männer hoben Diana vorsichtig auf eine Bahre. Andere Männer kümmerten sich um den reglos daliegenden Angreifer und machten Anstalten, ihn in denselben Krankenwagen zu schaffen.

Das war zuviel. «Nein!» rief ich. «Sie werden ihn nicht neben sie legen!» Kampfbereit stellte ich mich den Trägern der Bahre in den Weg. Ein Polizeibeamter nahm mich sanft am Arm und zog mich beiseite. «Nur die Ruhe, er wird bewacht», sagte er. «Wir wissen, was er getan hat. Sind Sie die Freundin der Frau? Beruhigen Sie sich. Wir bringen Sie ins Krankenhaus, damit Sie sie sehen können. Wir brauchen nur erst Ihre Aussage.»

Verwirrt und zerstreut beantwortete ich die Fragen des Polizisten. Dann wurde ich von einem untersetzten Polizisten mit offenem Gesicht und freundlichen blauen Augen ins Krankenhaus gebracht. Er half mir, Diana und den Arzt zu finden, der sie untersucht hatte. Der Doktor erklärte mir, daß sie an der Schulter verwundet worden war, setzte aber gleich hinzu, das sei nicht gefährlich. Sie werde sich schnell wieder erholen. Ich sah Diana, die friedlich in einem Bett schlief. Sie trug einen Verband. Erleichtert ließ ich mich von dem freundlichen Polizisten in unser Hotel zurückbringen.

In gewisser Weise war dieser Zwischenfall die endgültige Offenbarung für mich, welch ständige Bedrohung es sein konnte, in dieser angeblich zivilisierten Welt zu leben. Mein Volk fürchtete sich vor unerwarteten Angriffen von bösen Geistern, die Krankheiten oder Unglück bringen konnten, harte Winter, Mißernten, Epidemien, mißgebildete Kinder, Tod im Wochenbett, Unfälle, Schmerzen und Leid. Aber wir fürchteten uns nicht voreinander. Diese Menschen mußten damit rechnen, in jeder Stadt von einem Wahnsinnigen angegriffen zu werden. Welche Welt hatte die größeren Fortschritte gemacht, fragte ich mich.

Dianas Angreifer überlebte ebenfalls. Als sein zersplitterter Schädel schließlich geheilt war, schickte man ihn in ein Hospital für Geisteskranke, wo er von der Notwendigkeit zu arbeiten befreit war, auf Staatskosten ernährt und gekleidet wurde und für den Rest seines Lebens oder bis man beschloß, ihn auf freien Fuß zu setzen, der Obhut von Psychiatern unterstellt war.

Ich bedauerte zutiefst, daß ich ihn nicht getötet hatte.

KAPITEL 12

Ich pflegte Diana, die sich von ihrer Schußverletzung erholte, so wie sie vorher mich gepflegt hatte. Als sie aus dem Krankenhaus entlassen wurde, kam ihr Neffe Jeff regelmäßig vorbei, um nach ihr zu sehen. Zuerst war er ein wenig reserviert, doch als ich mich ihm gegenüber weder aggressiv verhielt, noch Anstalten machte, ihn erneut zu verführen, gewann er Selbstvertrauen und taute ein wenig auf. Ich hütete mich, den neutralen Boden zu verlassen. Schließlich freundeten wir uns sogar an.

Eines Nachmittags, als Diana schlief, saßen Jeff und ich im Wohnzimmer und tranken Tee. «Ist es nicht erstaunlich, wie abgrundtief der Haß mancher Männer auf Frauen sein kann? Woher kommt das bloß, Jeff?» fragte ich.

Er stellte seine Tasse auf den Tisch und bog die Fingerspitzen gegeneinander. Ich wußte mittlerweile, daß diese Geste gewöhnlich ein Ausdruck ernsthaften Nachdenkens war. «Die Psychologie hat sich in letzter Zeit ausführlich mit diesem Problem beschäftigt», sagte er. «Die neueste Theorie besagt, daß die meisten Männer, die Frauen hassen – und auch aggressive Männer allgemein – eine unglückliche Kindheit hatten. Als Erwachsene richten sie ihre unbewußte Wut und Angst gegen Menschen, die den Eindruck von Hilflosigkeit erwecken. Daß es vor allem Frauen sind, hat eine ganze Reihe von Gründen. Erstens verübelten sie als Kinder wahrscheinlich ihren Müttern etwas, das sie als deren Schwäche auslegten – die Unfähigkeit, sich selbst oder ihre Kinder vor den Übergriffen des Vaters zu beschützen. Zweitens wollten sie sich damals mit dem Stärkeren identifizieren und lieber der Angreifer sein als das Opfer. Drittens sind sie von ihrer eigenen Sexualität verunsichert, die sie zu den Frauen hinzieht. Andererseits können sie mit Frauen, die stark wirken, nichts anfangen: einmal, weil das ihrem Lieblingsklischee widerspricht, zum anderen, weil sie fürchten, daß die Frustration der Frauen, die durch das männliche Verhalten ausgelöst wird, in vaterähnliche Aggression umschlagen könnte. Natürlich haben sie keinen Schimmer vom wahren Wesen der Frau.» Er grinste leicht. «Aber das macht uns allen von Zeit zu Zeit zu schaffen.»

«Wenn man das alles so genau weiß, warum geht es dann immer so weiter? Warum kann man Männer nicht dazu erziehen, sanftere Väter zu sein?»

«Es gibt altehrwürdige Vorbilder von männlicher Dominanz in der Familie, die vor vielen Jahrhunderten entstanden sind und überall kultiviert werden: in der Religion, in der Rechtsprechung, in der Erziehung, in den sozialen Gewohnheiten, im Volkstum und im traditionellen Wissen – in sämtlichen Bereichen des Lebens. Unsere Gesetze erkennen noch immer die Gewalt eines

Vaters als ‹Haushaltsvorstand› an, und unsere Bräuche lassen ihm alle Freiheit, die Familie zu tyrannisieren, wenn er dazu neigt. Gremien, die über väterliches Verhalten urteilen könnten, gibt es nicht.»

«Dabei ist es ganz natürlich, daß Frauen darüber urteilen», erklärte ich. «Wer weiß sonst schon, was am besten für die Kinder ist? Wer kümmert sich mehr darum als sie? Niemand schenkt den Bedürfnissen ihrer Kinder so viel Aufmerksamkeit wie eine Mutter.»

«Normalerweise ja, aber nicht immer. Manchmal sind die Väter sanfter als die Mütter. Manchmal sind es die Frauen, die die Kinder mißhandeln.»

«Dann haben die widernatürlichen Lebensumstände sie verrückt gemacht», sagte ich, «wie Mäuse, die ihre Jungen fressen, wenn man sie in Käfigen hält. Doch selbst in der Gefangenschaft schenkt die Göttin fast jeder Mutter ein liebendes Herz.»

«Man könnte vielleicht sagen, daß auch die Zivilisation eine Art von Käfig darstellt», sinnierte Jeff. «Aber wir haben uns freiwillig in Gefangenschaft begeben. Den meisten von uns gefällt es ganz gut so. Wir müssen uns nicht unmäßig anstrengen, um zu überleben. Wir sind satt und zufrieden. Wir Männer in dieser Gesellschaft waren lange Zeit zufrieden, selbst wenn wir einander und uns selbst verletzten.»

«Dann verstehst du also, worum es geht», sagte ich.

«Wir Ärzte müssen eine Menge Dinge verstehen, von denen wir nicht allzu viel Ahnung haben. Ich weiß noch, daß ich Frauen früher eigentlich überhaupt nicht verstanden habe, als Menschen, heißt das. Tante Dis Buch hat mir die Augen geöffnet. Nachdem ich es gelesen hatte, kam ich um einiges besser klar, nicht nur mit meiner Frau, auch mit weiblichen Patienten und Kolleginnen, Krankenschwestern und so weiter. Selbst wenn es nur ein Hirngespinst ist, hat dieses Buch eine Menge bewirkt.»

«Glaubst du, daß es ein Hirngespinst ist?»

«Ich weiß es nicht, Ann. Ich nehme an, daß du wirklich daran glaubst. Ich muß zugeben, daß einiges darin wirklich schwer zu widerlegen ist – dein Schwert, deine Sprache, deine, äh... deine Narben. Vielleicht kann man das, was du zu sagen hast, nicht anders sagen. Selbst wenn du es dir alles nur ausgedacht hast, erfordert es eine Menge Phantasie, sich eine Gesellschaft vorzustellen, die so anders ist als unsere. Sogar ausgebildete Anthropologen haben Schwierigkeiten, sich in eine fremde Zivilisation hineinzudenken.»

«Glaubst du, daß das auch für eine Zivilisation zutrifft, die viel natürlicher ist als die eure? Weil sie die Vorherrschaft der Mutter für die Menschen anerkennt, so wie auch andere Geschöpfe sie für ihre jeweilige Gattung anerkennen?»

«Da kann ich dir nicht widersprechen, Ann. Ich bin nur ein einfacher Mediziner. Diese Dinge sind mir zu hoch. Jeder hat eine andere Antwort auf die alte Frage: Was ist die Wahrheit? Für mich besteht die Wahrheit aus Thermometern, Urinproben, Röntgenstrahlen und dem, was sich im menschlichen Organismus abspielt. Ich weiß, was ich weiß, aber selbst in meinem eigenen Bereich kann ich oft nur raten.»

«Ich weiß, daß es viele Menschen gibt, die an meiner Aufrichtigkeit zweifeln und mich deshalb nicht ernst nehmen. Sag mir, Jeff, was kann ich tun, um den Frauen zu helfen, vor allem den Müttern? Wie kann ich hier und jetzt, in dieser Welt, eine Veränderung bewirken?»

Er zuckte die Achseln. «Keine Ahnung. Normalerweise werden Leute, die die Gesellschaft verändern wollen, Psychologen oder Lehrer. Das heißt, man muß zur Schule gehen, Kurse belegen, ein Examen in Psychologie oder Sozialwissenschaften ablegen. Um vor allem Frauen zu helfen, könntest du dich um eine Stellung in einem Beratungszentrum für vergewaltigte Frauen oder einem Frauenhaus bewerben. Du könntest sogar freiwillig in einem Krankenhaus arbeiten.«

«In meinem Land waren es die Priesterinnen, die anderen Frauen bei allen Arten von körperlichen, emotionalen oder spirituellen Problemen beistanden.»

«Ja, aber wir leben in einem anderen Land, Ann.»

«Dafür wird es wenigstens einen Tempel der Göttin geben. Vielleicht kann ich dort Priesterin werden.» Ich erzählte ihm von Matties Plan. Er hörte aufmerksam zu, aber ich merkte, daß er das Ganze absurd und sektiererisch fand, ohne jede Beziehung zu dem, was er für das wahre Leben hielt.

«Ältere Leute mit Geld setzen alle möglichen Projekte in Gang», sagte er. «So sind sie nun mal. Sie brauchen etwas, wofür sie ihr Geld ausgeben können, bevor sie den Löffel abgeben und alles hinter sich lassen. Bis jetzt hat jedenfalls noch keiner eine Möglichkeit entdeckt, etwas mitzunehmen.»

«Bei Mattie steckt mehr dahinter», beharrte ich. «Sie hat eine echte Vision. Sie weiß, daß die Frauen in diesem Land spirituell verarmt sind. Sie hat ihre Bedürfnisse erkannt.»

«Vielleicht», sagte er, offensichtlich in der Absicht, mir meine fixe Idee zu lassen. Ich merkte, daß er das Ganze zu trivial oder zu irrelevant fand, um sich deswegen mit mir zu streiten. Aber ich spürte auch noch etwas anderes unter der Oberfläche seiner Gleichgültigkeit: eine uneingestandene Angst. Er fragte sich, was die praktischen Folgen sein würden, wenn sich eine von der Göttin beherrschte Religion unter den Frauen dieser Welt etablierte, die sich so lange nur einen Gott hatte vorstellen können. Was würde das bedeuten? Selbst wenn er sich nur oberflächlich damit beschäftigte, spürte er, daß sich das bisherige System grundlegend verändern müßte. An diese Möglichkeit wollte er nicht einmal denken.

Das Gespräch mit Jeff verschaffte mir größere Einsichten in die Widerstände, mit denen Matties Tempel-Projekt zu kämpfen haben würde. Jeff war kein Frauenhasser. Er hatte nicht einmal eine besondere intellektuelle Bindung an das Patriarchat. Es war bloß die Atmosphäre, in der er aufgewachsen, an die er gewöhnt war. Die Vorstellung eines Gottes beanspruchte nur wenig Raum in seinem normalen Denken, aber trotzdem sah er keinen Grund, dessen Geschlecht zu verändern. Immerhin bot die Vorstellung eines männlichen Gottes gewisse Vorteile für alle Männer.

Das war wohl auch der eigentliche Grund, warum Männer diese Vorstellung überhaupt entwickelt hatten.

Die Zeit verging, und der Tempel der Göttin nahm Gestalt an. Diana und andere Journalisten veröffentlichten mehrere Artikel darüber. Manche Leute reagierten neugierig und interessiert, andere gleichgültig oder feindselig. Im allgemeinen wurde das Thema unter der Überschrift «umstritten» präsentiert. Manchmal schien es, als streite man sich darum, ob Mattie ihren Tempel überhaupt bauen durfte. Einige Leute wollten durchsetzen, daß er für illegal erklärt wurde, konnten jedoch keinen passenden Präzedenzfall finden. Offenbar garantierten die Gesetze des Landes offiziell die Freiheit der Religion, obwohl viele Leute diese Gesetze bekämpften und sich verhielten, als müßten alle Überzeugungen, die von ihren eigenen abwichen, gnadenlos ausgerottet werden.

Dieser unausgesprochenen Intoleranz war es auch zu verdanken, daß es bei der Errichtung des Tempels zu

Rückschlägen kam. Einige Mitarbeiter folgten den Befehlen ihrer eigenen religiösen Führer und kündigten. Außerdem kam es zu Sabotageakten. So hatte Mattie eine herrliche weiße Marmorstatue der Göttin in Auftrag gegeben, die im Allerheiligsten aufgestellt werden sollte. Eines Nachts, kurz bevor sie an ihren endgültigen Standort transportiert wurde, drang ein Unbefugter in das Gelände ein, löste die Verpackung und besprühte Lippen, Brustwarzen und Yoni der Statue mit blutroter Farbe. Dann schrieb der Vandale «Dicke fette Teufelssau» über ihren Bauch. Ich lachte, als ich das hörte, aber ich war auch verwundert. Ich konnte nie verstehen, warum der Begriff für ein weibliches Schwein in dieser Gesellschaft eine so abwertende Bedeutung erlangt hatte. Immerhin gilt das Schwein als freundliches und sehr genügsames Tier. Außerdem ist es intelligent, treu, geduldig und ausdauernd – insgesamt also ein bewundernswertes Geschöpf. Wie also erklärte sich die allgemeine Geringschätzung für die Sau?

Zum Glück ließ sich die Farbe leicht von der Statue entfernen, und es kam zu keinen weiteren Schändungen. Wieder einmal machte man «Jugendliche» für diesen Zwischenfall verantwortlich. Und wieder einmal fiel mir auf, daß man in keinem anderen Land so selbstverständlich davon ausgeht, daß Kinder Delikte gegen Eigentum oder Personen verübten. Offenbar erwartete man von ihnen geradezu, daß sie Verbrechen begingen und mutwillig das Eigentum anderer zerstörten. Ich fragte mich, ob dieser Umstand etwas mit dem grausamen Verhalten der Väter zu tun haben könnte, von dem Jeff mir erzählt hatte.

Ein paar Wochen vor der offiziellen Eröffnung des Tempels schickte uns Mattie erneut eine Einladung. Das Datum der Einweihung war auf den ersten Mai festgesetzt; Diana führte das zurück auf antike Feiern zu Ehren der Göttin in ihrer Frühlingserscheinung als Grüne Jungfrau, die unsere Priesterinnen Maia nannten. Diana sagte, die Nacht vor diesen Feiern sei Maiennacht, Beltane oder Walpurgisnacht genannt worden. Sie habe noch lange nachdem das Patriarchat sie entthront hatte, für bestimmte Manifestationen der Göttin als heilig gegolten. In dieser Nacht trug man Grün zu Ehren der knospenden und blühenden Erde, aber auch um die Fruchtbarkeit zu feiern. Die Priesterinnen meines Clans hatten uns erklärt, daß das Land keine Früchte hervorbringen werde, wenn in dieser entscheidenden Nacht nicht die entsprechenden Zeremonien durchgeführt würden.

Ich war froh, daß Mattie den Zeitpunkt für die Einweihung so gut gewählt hatte. Der Monat, der den Neubeginn und die Entfaltung der Natur repräsentiert, erschien mir ideal. Ich war ganz aufgeregt bei der Aussicht, Melanie wiederzusehen, und Adam, dessen Bild in meinen heimlichen sexuellen Phantasien häufiger auftauchte, als ich vor mir hätte zugeben wollen. Ich hatte seit langer Zeit keinen Liebhaber mehr genommen, andererseits ärgerte ich mich über mich selbst, weil ich aus reiner Perversion dem einzigen Mann, der mich je abgewiesen hatte – und an den ich durch geheimnisvolle, schreckliche Bande gefesselt war –, so viel Aufmerksamkeit schenkte.

Leider regnete es am neunundzwanzigsten April, dem Tag, den wir für unsere Reise zu Matties Anwesen festgesetzt hatten. Zwar hatte Diana sich längst erholt, doch klagte sie jetzt gelegentlich über Wetterfühligkeit, vor allem, wenn es feucht war, und auch das Autofahren fiel ihr unter solchen Umständen schwerer als sonst. Ich jedoch war wie elektrisiert vor Freude. Der graue Himmel verlieh dem frischen Grün auf den Hügeln eine süße

Schwere. Bäume und junges Unterholz schienen den Regen gierig aufzusaugen, trotz der traurigen Tatsache, daß der Regen sauer und damit alles andere als gut für sie war. Aber natürlich konnten sie nicht protestieren, sondern würden sich weiterhin still in die hoffnungsvollen grünen Gewänder des Frühlings hüllen, bis sie eines Tages genauso still starben.

Mir erschien dieses apokalyptische Ende so weit weg, daß es mir den Tag ebensowenig verderben konnte wie in den glücklichen Momenten des Lebens das Wissen um den Tod. Vielleicht hatte ich mich aber auch nur von der Gleichgültigkeit und Apathie anstecken lassen, die das Verhalten dieser selbstsüchtigen, selbstzerstörerischen Menschen prägte.

Kaum hatten wir das Tor zu Matties Anwesen passiert, hielt ich eifrig Ausschau nach den Pferden. Doch die Weide war leer. Rose empfing uns an der Haustür.

«Wie schön, Sie beide wiederzusehen», sagte sie herzlich. «Madame hat mir aufgetragen, Sie in denselben Zimmern unterzubringen wie letztes Mal. Sie hat noch zu tun, erwartet Sie aber um vier zum Tee in der Bibliothek. Bitte machen Sie es sich in der Zwischenzeit gemütlich.»

Auf dem Weg zu unseren Zimmern fragte ich Rose nach den Pferden. «Wir haben sie heute wegen des Regens in den Ställen behalten», sagte sie. «Wir versuchen, sie sauberzuhalten. Wenn Sie Melanie sehen wollen, können Sie jederzeit hinuntergehen. In ihrem Schrank finden Sie einen Schirm zu Ihrer Verfügung. Erinnern Sie sich noch an den Weg? Wenn nicht, komme ich mit Ihnen.»

«Ich weiß ihn noch, danke», antwortete ich. Ich wollte nicht zugeben, nicht einmal vor mir selbst, wie sehr ich mich danach sehnte, Adam allein zu sehen. Und trotzdem spürte ich diese merkwürdige innere Erregung, die man gewöhnlich als Herzklopfen bezeichnet.

Ich eilte zu den Ställen. Melanie stand in der Box und kaute geräuschvoll. Sie sah auf, wieherte überrascht und drehte sich dann zu mir herum, als ich durch das Gatter schlüpfte. Sie kannte mich. Sie schnupperte an meinem Haar, und ich umarmte ihren starken, seidenweichen Hals. Wir waren wie zwei Freunde, die sich nach einer langen Trennung wiedersehen. Wie konnte es sein, daß wir uns erst ein einziges Mal zuvor getroffen hatten?

Ich verbrachte eine halbe Stunde mit Melanie in dem warmen, raschelnden, nach Heu duftenden Frieden des Stalls, während ein sanfter Frühlingsregen aufs Dach trommelte. Adam sah ich nicht. Nach einer Weile tauchte ein Stallbursche auf, um eine benachbarte Box auszumisten. Ich fragte ihn, wo Adam sei.

«Der ist nich mehr hier», antwortete er.

«Sie meinen, er wurde entlassen? Warum?»

«Weiß ich nich.» Ich hätte schwören können, daß er es ganz genau wußte. «Ich hab gehört, er hätte einen von Madames Gästen beleidigt oder so was. War'n guter Mann. Vor allem mit den Viechern.»

«Er wurde gefeuert, weil er unhöflich war?» wiederholte ich überrascht.

«Kann ich Ihnen nich genau sagen, Ma'am. Da sollten Sie besser Miz Bloodworth fragen.»

«Na schön. Danke vielmals.»

Der Mann senkte den Kopf und fuhr mit seiner Arbeit fort.

Beim Tee in der Bibliothek fragte ich Mattie tatsächlich. Sie stellte die zierliche Porzellantasse ab und holte tief Luft. Ihr Gesichtsausdruck war traurig.

«Eines Tages fiel er aus heiterem Himmel über Glinda her», sagte Mattie. «Glinda Rivell, die Schauspielerin. Sie war übers Wochenende hier. Warten Sie, das muß jetzt ein Jahr her sein. Ja genau, kurz nach Ihrem Besuch. Der Mann entdeckte sie zufällig bei einem Ritual am Waldaltar. Statt seines Weges zu ziehen, beschimpfte er sie als Werkzeug des Teufels und griff sie mit einem Stock an. Sie bekam ziemlich was ab, die Arme. Ich weiß noch, daß sie mit einem blauen Auge zum Abendessen erschien. Adam wurde natürlich auf der Stelle entlassen. Ich nehme an, daß er verrückt war. So viel zum wohltuenden Einfluß religiöser Fundamentalisten. Die Art von Hilfe, die er braucht, kann ich ihm jedenfalls nicht geben.»

Ich wechselte einen Blick mit Diana. Wir dachten beide daran, daß ein Teil von Adams Verrücktheit in Erinnerungen begründet sein könnte, die er sich selbst nicht hatte erklären können und die an die Oberfläche gekommen waren, nachdem er mich getroffen hatte.

Ich ließ das Thema fallen und erkundigte mich genauer nach dem Waldaltar. «Ein herrliches Plätzchen», sagte Mattie. «Ich werde Rose bitten, Sie morgen dorthin zu führen, wenn der Regen aufgehört hat. Es heißt, es soll aufklaren für unsere Walpurgisnacht, und obendrein wird Vollmond sein. Die aufregendste Maiennacht meines Lebens! Wir werden morgen unsere kleine Privatzeremonie im Tempel abhalten, am Vorabend der offiziellen Eröffnung. So haben es jedenfalls die heidnischen Zivilisationen gehandhabt, wie Sie sicher wissen. Die christianisierten Versionen der alten Feiern wurden um zwölf Stunden auf den folgenden Tag verschoben, was allein in den unterschiedlichen Kalendersystemen begründet war: die älteren richteten sich nach dem Mond, die neueren nach der Sonne. Die heidnischen Völker bemaßen ihren Tag von Mittag zu Mittag, die Christen dagegen von Mitternacht bis Mitternacht.»

Kurz nach Sonnenaufgang des nächsten Tages brachte mich Rose zum Waldaltar. Er befand sich in einem kleinen Pinienhain unweit des Hauses. Sobald ich den Hain betrat, spürte ich die Macht, die von diesem Ort ausging. In einer kreisrunden Lichtung, die von hohen Bäumen gesäumt war, stiegen Dunstschwaden von der feuchten Erde auf, wie zerrissene Schleier, die von den goldenen Strahlen der Sonne durchbohrt wurden. Einer davon fiel direkt auf den kleinen Altar, der aus alten moosbewachsenen Steinen im Zentrum der Lichtung errichtet worden war. Hie und da entdeckte ich Steinplastiken, zwei bis drei Meter hoch, die eine vage Ähnlichkeit mit menschlichen Gestalten besaßen. Ich erkannte einen Totempfahl und einen grob behauenen Stein. Eine andere Figur bestand aus Treibholz, das kunstvoll ineinandergefügt worden war. Ich entdeckte eine Marmorstatue, deren Züge von der Zeit so glatt geschliffen waren, daß man sie kaum noch erkennen konnte. Und eine einzelstehende hohe Säule aus schwarzem Stein, die wie Glas schimmerte. Einen schweren Holzstamm, anderthalb Meter im Durchmesser, der aufrecht stand und mit einem groben Gesicht, Brüsten und einer in die Seite geschnitzten Yoni ausgestattet war. Ein zweiter aufrechter Stamm, der fast genauso hoch war, sah aus, als bestünde er aus Holz, war jedoch zu einer festen Masse aus hartem, achatfarbigem Stein geworden.

Rose segnete mich mit dem Pentagramm und ließ mich mit den schweigenden Geistern allein. Ich hörte keinen Laut bis auf das Zwitschern der Vögel. Zögernd näherte ich mich dem Altar und legte meine Hände darauf. (Diana hatte mir einmal erzählt, daß dies in den meisten von Männern erbauten Kirchen Frauen verwehrt wurde.) Die alten Steine, die von der frühen Sonne erwärmt wurden, strahlten etwas Beruhigendes aus.

Ich blickte hinauf zu den schrägen Balken aus Licht und sah einen einzelnen dunklen Baum, der wie von silbernen Blitzen erhellt war. Dann erschien im Inneren des Baumes ein Gesicht. Mir stockte der Atem, als ich sah, daß das Gesicht große Ähnlichkeit mit der Statue der Schwarzen Göttin im Tempel von Themiskyra besaß.

Jetzt bewegten sich die Lippen. Ich hörte ihre Worte in meinem Kopf. «Antiope, meine Tochter, du hast deine Sache gut gemacht. Deine Mission ist beinahe beendet. Nur noch eine letzte Aufgabe liegt vor dir.»

Ich sank auf die Knie, halb in Überraschung, halb in Ehrfurcht. «Bist du es, Mutter?» rief ich. Ich sprach in meiner Muttersprache, die ich seit Jahren nicht mehr benutzt hatte. «Bist du wirklich hier in dieser Welt, in der ich die ganze Zeit verloren war?»

Sie gab keine Antwort, schien mir jedoch leicht den Kopf zuzuneigen, als der Baum von einer jähen Brise geschüttelt wurde. Ich war von Gefühlen überwältigt. Eine Vision, endlich! Nach all den Monaten, in denen ich versucht hatte, etwas zu lernen, als ich mich verlassen und meiner eigenen spirituellen Kräfte beraubt fühlte, hatte ich ein Bild der Göttin gefunden. Es spielte keine Rolle, ob es innerhalb oder außerhalb meiner selbst war. Sie existierte. Der Waldaltar schien tatsächlich eine heilige Stätte zu sein.

Ich weiß nicht mehr, wie lange ich dort verharrte, reglos, die Steine des Altars unter den Händen, an jenem frischen, vom Regen gereinigten Frühlingsmorgen. Als ich wieder aufsah, stand die Sonne höher. Ihre Strahlen fielen steiler als zuvor durchs Geäst. Ich wußte, daß ich nicht allzu lange wegbleiben durfte. Mattie hatte einige Frauen zu einem frühen Mittagessen eingeladen. Am Nachmittag sollte eine Führung durch den neuen Tempel stattfinden und am Abend eine Zeremonie «im kleinen Kreis», wie sie gesagt hatte.

Dennoch zögerte ich, den Hain zu verlassen. Langsam umkreiste ich die Lichtung und berührte jede einzelne schweigende Figur, während ich mit der anderen Hand den Amulettbeutel umklammert hielt. Jede Figur vermittelte mir ein anderes, aber deutliches Gefühl. Sie alle schienen hier zu Hause zu sein, an einem Ort, der von der Mutter selbst geschaffen worden war, nicht von Menschenhand. So grob sie auch waren, diese Abbildungen aus Holz oder Stein erschienen mir bedeutungsvoller als alles, was ich in den seltsamen, abweisenden Gebäuden gesehen hatte, die die Menschen in dieser Welt Gotteshäuser nannten.

Doch noch hatte ich nicht die Erfüllung von Matties Traum gesehen, das neue Haus der Göttin. Dieser Tag, der Vorabend des ersten Mai, hatte mit einer Vision begonnen und sollte mit einer Offenbarung enden.

KAPITEL 13

Neundunddreißig Frauen umfaßte die Gruppe, die an diesem Tag den Tempel besuchte. Es waren dieselben Frauen, die an der Samhain-Zeremonie in Matties Haus teilgenommen hatten, bis auf die ältere Frau mit der stahlgerahmten Brille. Wir hörten, daß sie friedlich eingeschlafen war, nachdem sie eine tödliche Dosis von Barbituraten eingenommen hatte, während einige Frauen dafür sorgten, daß sie ungestört blieb. Ihren Platz hatte die Schauspielerin Glinda Rivall eingenommen. Ich erkannte sie sofort; ihr Gesicht war häufig im Fernsehen zu sehen. Ihre Augen wirkten blaß und ihre Haut fleckig, denn heute trug sie kein Make-up, doch die berühmte heisere Stimme war mir vertraut genug. Ihr ungeschminktes Gesicht schien das gleiche Privileg zu beanspruchen, das Männer in dieser Welt genossen – trotz aller Unvollkommenheiten oder äußeren Mängel von allen akzeptiert zu werden.

Wir fuhren in drei PKWs und zwei Lieferwagen mit

unseren Gewändern und unserer Ausrüstung sechs Meilen weiter zum Tempel. Er stand am Ende einer breiten Straße in der nahegelegenen Stadt. Als wir näherkamen, konnten wir ihn wie eine Sommerwolke am Horizont über den zwei- und dreistöckigen Häusern der Stadt schweben sehen. Es war eine Pyramide mit gewölbten Seiten aus blendend weißem Stein. Hohe rote Tore waren tief in den birnenförmigen Eingang eingelassen.

Die meisten Frauen hatten den Tempel bereits in verschiedenen Stadien seiner Ausführung gesehen, doch alle waren gleichermaßen überwältigt von seiner vollendeten Eleganz. Die Eingangshalle bildete ein großer, ovaler Raum, dessen gewölbte Wände in ein blaßgrünes Glasdach übergingen. Es schien alles, was sich darunter befand, in ein wässriges Licht zu tauchen. Dieser Unterwasser-Effekt wurde noch verstärkt durch dunkel schimmernde, silbrige Kräuselmuster in den Kacheln des Bodens und der Wände und große Korallenzweige, die an den Wänden aufgereiht waren. Doppelschwänzige Sirenen aus schwarzem Onyx standen in blau erleuchteten Nischen über den Korallen. Mattie hatte gesagt, daß diese Eingangshalle den ursprünglichen Abgrund darstellte, auch Leere genannt, der lange vor Erschaffung der Erde existiert hatte. Es war eine symbolische Beschreibung des Mutterschoßes.

Wir passierten einen langen, runden Gang, der den Geburtskanal repräsentierte. Er war so eng, daß wir hintereinander gehen mußten, und mündete in die Haupthalle, einen enormen runden Saal mit drei Galerien und einem hohen Kuppeldach. Darauf erkannte man eine stilisierte Abbildung der Göttin, die sich vornüber beugte. Ihre Hände und Füße reichten bis hinunter zum Boden und bestanden aus vier schweren Säulen an den vier Himmelsrichtungen. Die beiden Hände markierten

Süden und Osten, die Füße Westen und Norden. Der große nackte Leib war blau gefärbt. Aus den Brüsten ergossen sich Milchstraßen von Sternen, die aus kleinen Lampen bestanden. Unterschiedliche Mondphasen bildeten leuchtende Ornamente auf ihrem Bauch. Die Sonne, eine große leuchtende Kugel, hing wie ein neugeborenes Kind zwischen ihren Schenkeln. Dies war die moderne Version der alten ägyptischen Vorstellung einer Himmelsgöttin, die «die Enden der Erde» mit ihren Fingern und Zehenspitzen berührte. Hier jedoch war das himmlische Licht, das dem Körper der Göttin entströmte, der Erfindung der Elektrizität zu verdanken.

Der riesige Saal war mit dicken Kissen ausgestattet, auf denen man sitzen oder liegen konnte, um sich in die Betrachtung der überdimensionalen Gestalt zu versenken. An den Wänden standen Stühle, die sich beliebig umstellen ließen. In der Mitte des Saals erhob sich auf Karyatiden aus durchsichtigem roten Karneol ein kleines Podest. Die Galerien waren mit Strahlern ausgestattet, so daß sich alle Teile des Raumes für Rituale, Vorträge oder Theatervorstellungen unterschiedlich beleuchten ließen. Leise, meditative Musik aus unsichtbaren Lautsprechern erfüllte den Raum. Mattie erklärte uns stolz die verschiedenen Anlagen, mit deren Hilfe der Saal für viele Zwecke genutzt werden konnte.

Als nächstes führte sie uns durch einige andere Räume des Tempels. Es gab eine gut ausgestattete Bibliothek mit unzähligen Büchern, Schreibtischen, bequemen Sesseln und Licht, das durch hohe Fenster hereinströmte. Es gab Klassenzimmer, Sprechzimmer, Aufenthaltsräume, Badezimmer, Büros, einen verschwenderischen Speisesaal mit voll ausgerüsteter Küche, medizinische Einrichtungen, ein kleines Theater, eine Kindertagesstätte mit Spielzimmer, eine Kunstgalerie, ein

Laboratorium und eine Sauna. Mattie sprach begeistert über die Möglichkeiten des Tempels, die sich an den Göttinnen-Tempeln der Antike orientierten.

«Das Wichtigste ist natürlich seine spirituelle Funktion», sagte sie, als wir in den großen Saal zurückkehrten. «Die eigentlichen spirituellen Symbole habt ihr aber noch gar nicht gesehen. Ich hoffe, daß sie sich ebenso präsentieren wie ihre antiken Vorläufer, als religiöses Ambiente, als eine für jede von euch speziell geschaffene ästhetische und sinnliche Erfahrung. Einige von euch werden vielleicht im Tempel bleiben und anderen bei ähnlichen Erfahrungen helfen. Heute aber, wenn ihr das sogenannte Labyrinth betretet, werdet ihr ihre Macht am eigenen Leib spüren.»

Die Eingangstür zum Labyrinth befand sich zur Rechten der Himmelsgöttin, bei der Säule des Südens. Alle zwei Minuten sollte eine von uns einzeln durch diese Tür treten. Mattie sagte, es sei ein Labyrinth, in dem man sich nicht verirren könne. Wie die antiken Anlagen gab es nur einen einzigen Weg, der durchs Innere des Gebäudes führte, über Treppen und schiefe Ebenen, auf und ab, durch Tunnel und verborgene Kammern, bis er schließlich an einer Tür zur Linken der Göttin endete. Jede Besucherin mußte dieses Labyrinth allein passieren. Dann gab sie das Zeichen, anzufangen.

Ich wartete noch in der Schlange, als die erste Frau durch den Ausgang kam und zu Boden sank. Einige Frauen eilten ihr zu Hilfe. Sie sah lächelnd auf, obgleich in ihren Augen Tränen standen. Sie atmete schwer, offensichtlich von Gefühlen überwältigt. Doch als sie den Mund öffnete, um zu sprechen, legte Mattie ihr einen Finger auf die Lippen: «Schweig!»

Wir sahen, wie immer mehr Frauen herauskamen. Alle schienen tief bewegt zu sein. Als ich an der Reihe war, berührte ich meinen Amulettbeutel, rückte meinen Schwertgürtel zurecht und öffnete die Tür.

Zuerst befand ich mich in einem stockdunklen Gang. Ich streckte die Hände aus und merkte, daß die Wände sich anfühlten, als seien sie mit Samt ausgeschlagen. Ich ging weiter, folgte dem gewundenen Gang und entdeckte schließlich in der Ferne ein schwaches Licht. Jenseits eines Mauerbogens führten Treppenstufen nach oben. Sie waren in der Mitte ausgetreten, als bestünden sie aus sehr alten Steinen.

Ich stieg hinauf. Auf dem ersten Absatz gab es eine in den Stein gehauene, von fahlem blauem Licht erleuchtete Nische, in der Kopf und Schultern einer Frau zu sehen waren. Ihr Haar bestand aus lebendigen Schlangen. Ich war verblüfft über diesen Anblick, so lebensecht erschien er mir. Die Schlangen bewegten sich und zischten. Plötzlich schlug die Frau die Augen auf, und ich sah zwei Augen wie die einer Ziege, mit waagerecht geschlitzten Pupillen. Die Lippen öffneten sich. Ich hörte eine Stimme, die sagte: «Du näherst dich dem ersten Mysterium. Vergiß nicht, den Stein zu küssen.»

Ich stieg weiter aufwärts. Am Ende der Treppe hing ein durchsichtiger weißer Vorhang, der eine diamantförmige, geschlossene Tür verhüllte. Ich drückte die Klinke nieder und betrat ein kleines, erlesen ausgestattetes Schlafzimmer voller Spitzen und Rüschen. Das Bett war mit einem spitzenbesetzten Satinüberwurf bedeckt, und alles war weiß, bis auf eine auf dem Bett ausgestreckte Puppe in einem rosafarbenen Gewand und eine lange Blutspur. Echtes Blut, das nach Blut roch.

Das Zimmer hatte ein Fenster, doch hinter der Scheibe war nur eine schwarze Mauer zu sehen. Auf der anderen Seite befand sich eine ovale Tür in einem runden Torbogen. Ich durchquerte den Raum und öffnete die Tür. Vor mir erstreckte sich ein sehr niedriger, mit rotem Brokat ausgeschlagener Korridor, an dessen Ende ich die Türen eines Aufzugs erkannte. Ich sah keinen anderen Weg, der weiterführte, daher trat ich ein. Im gleichen Augenblick schlossen sich die Türen, und der Aufzug bewegte sich abwärts. Er zeigte weder Stockwerke noch andere Orientierungspunkte an. Die Wände waren glatt und grau.

Als sich die Türen wieder öffneten, trat ich in einen Raum, der mich an eine fleischfarbene Gummizelle erinnerte. Boden und Wände bestanden aus weichem, elastischem Material. Ein langer Gang führte aufwärts und hinaus zu einem schmalen Korridor, der auf und nieder, um Ecken und im Kreis, über schiefe Ebenen und Stufen verlief und in schwaches rosiges Licht getaucht war. Irgendwo erklang leise Harfen- und Flötenmusik.

Nach einer Weile bog ich um eine Ecke und fand mich in einem Raum wieder, der aussah wie das Innere eines Turms. Es war ein Schacht, der sich nach oben zu im Dunkeln verlor. Im Zentrum stand die riesige Statue einer Frau in einem wogenden blutroten Gewand, das über dem Busen offenstand. Sie sah auf mich herab. Ein wissendes Lächeln spielte auf den fein ziselierten Lippen, als sie mit beiden Händen ihre Brüste umfaßte. Die Augen funkelten wie zwei Edelsteine. Das Haar bewegte sich im warmen Luftzug, der vom Boden aufstieg. Auf dem Kopf, der fast vier Meter über dem Boden schwebte, trug sie eine goldschimmernde, wie die Ummauerung einer alten Stadt gezackte Krone.

Diese Erscheinung war so unerwartet und imposant, daß ich vor ihr auf die Knie sank, denn sie hatte unglaubliche Ähnlichkeit mit meiner Vorstellung von der Mutter.

Sie öffnete den Mund, und wieder hörte ich eine Stimme: «Folge dem Pfad zur Linken.»

Ich wandte mich nach links und entdeckte eine kleine, halb hinter der Statue verborgene Tür. In ihre Mitte war ein roter Stein eingelassen, der Form und Größe eines menschlichen Herzens besaß. Die Tür war geschlossen und offensichtlich verriegelt. Vergeblich drehte ich den Türknauf. Dann fiel mir der Rat der schlangenhaarigen Gestalt ein, und ich berührte den Stein mit den Lippen. Sofort schwang die Tür auf. Ich stand vor einem schmalen Gang, der ins Dunkel führte. Ein modriger Geruch schlug mir entgegen. Aus weiter Ferne hörte ich schwache Geräusche, wie das Seufzen des Windes.

Als ich den Gang betrat, war ich so nervös, daß ich keine Sekunde den Griff meines Schwertes losließ. Laut krachend fiel die Tür hinter mir ins Schloß, und Dunkelheit umfing mich von allen Seiten. Die unheimlichen Geräusche wurden lauter. Der Gang wand sich spiralförmig um eine unsichtbare Mitte; die Kreise wurden immer enger, und schließlich sah ich ein Licht.

Ein flackerndes orangefarbenes Licht, wie Feuer. Ich bog um die letzte Ecke und stand in einer Höhle, die von Dutzenden von Kerzen in den Nischen an den Wänden erleuchtet wurde. Sie sah aus, als sei sie aus echten Felsen im Inneren der Erde geschlagen – wenn nicht, so war es jedenfalls eine perfekte Imitation.

Im Zentrum dieser Höhle stand auf einem Podest aus schwarzem Onyx ein furchterregendes altes Weib mit vier Armen. Die Frau hatte nichts am Leib als Perlen, gleißende Armbänder und eine goldene Krone, unter der ihr langes, wirres graues Haar in steifen Flechten und Zöpfen herabhing. Ihre Augen quollen aus den Höhlen wie zwei glänzende Weintrauben. Die Lippen waren zu einem Grinsen verzogen und enthüllten zwei spitze Reißzähne. Eine unglaublich lange dunkelrote Zunge hing aus ihrem Mund bis auf die Brust. Finger-

und Zehennägel waren gebogene Klauen, bei deren Anblick mir die Krallen eines Löwen einfielen. In einer Hand hielt sie einen Becher, in einer anderen einen Holzstock, in der dritten ein Schwert und in der vierten eine runde, mit einem Pentagramm verzierte Scheibe. Unter ihren Füßen lag ein leichenhafter männlicher Homunculus.

Das alles wirkte derart realistisch, daß ich mich plötzlich daran erinnerte, ein ähnliches Wesen unter den Ausstellungsstücken des Museums gesehen zu haben. Beinahe wäre mir sogar der Name der Alten Göttin eingefallen, die auf diese Art in einem fernen Land dargestellt wurde. Ich wußte nur noch, daß er die Silbe Ma enthielt, die in meinem Volk als heilig gilt.

Eine der schwarzen Hände – die mit dem Schwert – deutete langsam auf einen offenen Treppenschacht zu meiner Rechten. Eine Stimme sagte: «Wenn du den Tod hinter dir läßt, wirst du das Wesen der Göttin erkennen. Wagst du es, den Schleier zu lüften?»

Ich hörte mich flüsternd fragen: «Bist du der Tod?» Doch sie gab keine Antwort. Das Schwert deutete unerbittlich auf die Treppe. Zögernd trat ich hinter die Wand der Höhle und stieg die Treppe hinauf.

Allmählich wich die Dunkelheit. Ich kam an einigen kleinen Nischen vorbei, aus denen sich kühles weißes Licht ergoß. Sie alle enthielten ein symbolisches Objekt. In einer stand ein Stechpalmenzweig in einer weißen Vase. In einer anderen lag ein lose in Seide eingeschlagener Maiskolben. In der nächsten stand ein gläserner Krug mit einem lebendigen Fisch. Wieder eine andere enthielt eine durchsichtige, polierte Quartzkugel, die fast so groß war wie mein Kopf. In einer entdeckte ich ein Pentagramm von mehr als dreißig Zentimetern Durchmesser, das offenbar aus einer dicken, hell polierten Kupferplatte geschnitten worden war.

Die Treppe war lang und der Aufstieg anstrengend. Die Nischen wurden größer, fast wie Fenster, durch die das Tageslicht hereinströmte, doch sie waren mit einem mattweißen, durchsichtigen Material ausgekleidet, das nichts von der anderen Seite enthüllte. Das Licht war hell, aber unwirklich, es leuchtete so weiß und schattenlos wie Schnee an einem fahlen Wintertag.

Schließlich endete die Treppe in einem bizarren Korridor. Zuerst war er ziemlich breit, doch dann wurde er rasch immer enger. Eine Decke gab es nicht. Die Wände bogen sich nach innen und schlossen sich über meinem Kopf. Am niedrigen Ende des Gangs erreichte ich eine kleine Tür, die mattschwarz gestrichen und ebenfalls mit einem roten Stein geschmückt war. Silberne Buchstaben umgaben ihn. Ich las: «Hinter dieser Tür befindet sich der göttliche Schleier. Wenn du es wagst, ihn zu heben, wirst du die lebendige Göttin sehen.»

Auch diese Tür öffnete sich erst, als ich das steinerne Herz küßte. Ich sah einen kurzen geraden Gang, der zu einer anderen Tür mit der Aufschrift «Ausgang» führte. Über der Ecke neben der Tür hing ein Schleier aus hauchdünner silbrig-grauer Seide. Er war so groß wie ein Bettlaken und verhüllte etwas. Offenbar mußte man sich hier entscheiden, ob man den Schleier heben oder gleich zum Ausgang gehen wollte.

Ich zögerte nur einen Augenblick. Wollte ich die lebendige Göttin sehen? Natürlich wollte ich. Dann griff ich nach einem Zipfel des Schleiers und zog ihn weg.

Hinter ihm befand sich nichts als ein hoher Spiegel.

Nachdenklich und ebenso unaussprechlich bewegt wie die Frauen, die mir vorausgegangen waren, trat ich aus dem Ausgang in den großen Saal, wo die anderen warteten. Ich spürte, daß ich einige Zeit brauchen würde, um den Symbolismus des Labyrinths zu verarbeiten. Daher legte ich mich auf ein paar Kissen, starrte hinauf zur Himmelsmutter und meditierte über das, was ich gesehen und empfunden hatte.

Als alle Mitglieder der Gruppe ihre Reise beendet und aus der Tür wieder aufgetaucht waren, führte uns Mattie zu einer anderen Öffnung am linken Fuß der Göttin. «Jetzt betreten wir das Allerheiligste», sagte sie. «Dieser Ort steht nur denen offen, die erleuchtet sind und die Reise unternommen haben, die ihr gerade hinter euch gebracht habt.»

Alle schwiegen, als wir durch dieses letzte Tor traten und einen breiten Gang entlangschritten, der von mehreren wie Fackeln flackernden Lampen in dafür vorgesehenen Haltern beleuchtet wurde. Dann stieß Mattie eine Doppeltür auf und führte uns in einen großen Raum. Knapp unter der Decke befanden sich hohe Fenster, durch die Tageslicht fiel. Hier stand die große weiße Marmorstatue der nackten Göttin, ein außergewöhnliches Kunstwerk, massiv und doch voller Anmut. Es war keine idealisierte oder stilisierte Göttin, sondern eine weibliche Gestalt, in der die normalen Dimensionen einer durchschnittlichen Frau zu einem harmonischen Ganzen verschmolzen. Um ihre Schultern lag ein schillerndes Stück smaragdgrüner Seide, das ihr bis auf die Füße fiel.

Die Göttin stand auf der Nordseite eines großzügigen runden Raums, der für Rituale in kleinen Gruppen bestimmt zu sein schien. In der Mitte erhob sich ein hölzerner Pfeiler mit einem blumengeschmückten Kegel auf der Spitze, von dem lange bunte Bänder herabhingen. Von Diana wußte ich, daß dies der traditionelle Maibaum war. Vor langer Zeit hatte er den Phallus eines Gottes symbolisiert, der in jedem Frühling in den Körper der Göttin eindringt, um ihn zu befruchten. Mein Volk hatte dasselbe alljährliche Mysterium begangen, ohne jedoch einen Maibaum zu benutzen.

Das runde Zimmer quoll über von Blumen und Topfpflanzen, die einen süßen Duft verbreiteten. Zweige mit Weidenkätzchen standen in hohen jadegrünen Vasen. Zu Füßen der Göttin lagen mehrere bunt bemalte Eier. Sie repräsentierten das kosmische Ei, aus dem die Universen geboren und wiedergeboren werden.

Sieben Türen säumten die Wände des runden Allerheiligsten, die wie die Speichen eines Rades strahlenförmig angeordnet waren. Mattie öffnete eine nach der anderen und zeigte uns, was sich dahinter verbarg. Die erste war die Tür, durch die wir gekommen waren. Die zweite führte zu einem Arbeitsraum und Umkleidezimmer für die jeweils amtierende Priesterin. Die dritte öffnete sich in ein Musikzimmer, das gerade groß genug für ein kleines Orchester war. Seine Musik konnte ins Allerheiligste und in die Haupthalle übertragen werden. Die vierte Tür führte zu einem großen Lagerraum, in dessen Regalen die Ausrüstungsgegenstände, Gewänder, Lichter, Kerzenhalter, nach Jahreszeit unterteilte Dekorationen, zusätzliches Mobiliar und ähnliches aufbewahrt wurden.

Hinter der fünften Tür verbarg sich ein außergewöhnlich schöner Meditationsraum, eine hohle Kugel, die dem Inneren einer riesigen Seifenblase glich und am Boden leicht abgeflacht war. Er war vollständig mit einem weichen, durchscheinenden Stoff ausgeschlagen, hinter dem sich unablässig Lichter in allen Farben des Regenbogens bewegten. Ich konnte mir vorstellen, Stunden in diesem Raum zu verbringen, nur um das herrliche Spiel dieser Formen zu beobachten, bis mein Bewußtsein in einen Traumzustand übergehen würde.

Die sechste Tür führte zum Grund eines runden Schachts, in dem eine Wendeltreppe durch das Dunkel nach oben führte. »Über diese Treppe erreicht ihr das Turmzimmer: einen kleinen, gläsernen Raum am höchsten Punkt des Tempels. Das Turmzimmer ist nur von hier aus erreichbar. Dort habt ihr gute Sicht in alle Richtungen und auch einen klaren Blick auf den Himmel, für Nachtwachen und Kontemplationen. Das Zimmer ist mit einem Teleskop und Sternenkarten ausgestattet.«

Als sie die siebte Tür erreichte, die hinter der Statue der Göttin lag, winkte Mattie mich zu sich. »Aus Gründen, die ihr bald erfahren werdet, möchte ich, daß Ann als erste durch diese Tür geht.« Sie öffnete sie, und ich ging hindurch. Leise fiel sie hinter mir ins Schloß.

Ich befand mich in einem kurzen Gang, der an eine Höhle erinnerte. Vor mir erkannte ich eine kleine yoniförmige Öffnung, die mit einem rotgefärbten Tuch ausgeschlagen war, und davor eine große Steinplatte, die sie halb verbarg. Hinter der Öffnung tat sich ein niedriger Gang auf, den man nur kriechend passieren konnte, und der ebenfalls mit rotem Tuch ausgeschlagen war. In diesem Augenblick blieb mir vor Schreck das Herz stehen. Dieses Loch erinnerte mich so stark an den Eingang zu Themiskyras Schoßhöhle, daß ich einen verzweifelten Augenblick lang glaubte, wieder zu Hause zu sein.

Tränen stiegen mir in die Augen, als ich mich bückte und in den Tunnel hineinkroch, der sich nach wenigen Metern zu einer Höhle erweiterte. Und tatsächlich ertastete ich darin die weich verhüllten Wände, die Schächte für die Frischluftzufuhr, den Abtritt und die Wasserquelle. Es war genauso, wie ich es in Erinnerung hatte. Ich verbarg das Gesicht in den Händen und weinte. Erst Minuten später hatte ich mich so weit gefaßt, daß ich zurückkehren konnte.

Als ich aus dem Gang ins Allerheiligste trat, umarmte ich Mattie und fragte: «Wie konntest du das wissen?»

Sie lächelte. «Deine Beschreibung war sehr genau. Doch jetzt erzähle den anderen, was du gesehen hast.»

Das tat ich. Alle Frauen nickten zustimmend, denn alle hatten Dianas Buch gelesen. Während ich dasaß und versuchte, mich zu beruhigen, krochen die anderen einzeln in die Höhle, um sich selbst von ihrer Atmosphäre zu überzeugen.

Dann sagte Mattie: «Heute abend kommen wir hierher zurück, um die Walpurgisnacht zu feiern. Doch jetzt wird es Zeit, daß wir uns zum Abendessen in den Speisesaal begeben.»

Wir alle waren ziemlich schweigsam, als wir uns zum Essen niedersetzten. Jede von uns dachte über ihre Erfahrung im Tempel nach und versuchte, ihre persönlichen Eindrücke mit den spirituellen Bedeutungen in Einklang zu bringen. Ich war völlig überwältigt von der Arbeit, die Matties Architekten vollbracht hatten. Dieser Tempel erschien mir als ebenso ehrlicher Ausdruck der Verehrung für die Mutter wie jeder von meinem eigenen Volk gebaute, nur hatten die Wunder der Technik ihn noch verfeinert. Es war ein echtes Haus der Göttin. Ich weiß noch, wie sehr ich mir wünschte, daß er zu einem Zentrum für die spirituell frustrierten Frauen dieser Welt würde.

Doch immer noch verfolgte mich die morgendliche Vision am Waldaltar und lauerte am Rand meines Bewußtseins. Worin bestand meine Mission hier? Was könnte mit letzter Aufgabe gemeint sein? Und wenn das Wesen der Göttin wirklich, wie der Spiegel anzudeuten schien, aus mir selbst im Zwiegespräch mit mir bestand, über welches geheime, meiner gewöhnlichen Wahrnehmung noch verborgene Wissen verfügte dann mein Inneres?

All dies sollte ich nur allzu bald erfahren.

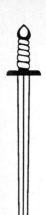

KAPITEL 14

Nach einem köstlichen Essen und einer Ruhepause kehrten wir zum abendlichen Ritual ins Allerheiligste zurück. Nacheinander betraten wir das Zimmer, wobei jede von uns das Zeichen des Pentagramms vollzog. Aus dem Lagerraum holten Mattie und Rose grüne Samtkissen und weite grüne Seidengewänder für uns, sowie dreizehn grüne Kerzen, die angezündet und um den Fuß des Maibaums aufgestellt wurden. Dann legten wir unsere Talismane zwischen die Kerzen: Puppen, Messer, Becher, Karten, Photos, verschiedene Steine, Schmuck, ein oder zwei Bücher, ein paar natürliche Objekte wie Stöcke oder Muscheln, einen Stalaktiten aus einer Tropfsteinhöhle, einen Kranz aus getrockneten Weintrauben, eine Handvoll Schafswolle. Ich selbst legte einen Gegenstand dazu, der eine besondere Bedeutung für mich hatte: einen Zierknoten aus Haar, das ich aus Melanies Mähne und Schwanz gekämmt hatte.

Eine Zeitlang saßen wir schweigend zusammen und

lauschten der leisen Musik. Dann standen vier Frauen auf, griffen nach den Emblemen der vier Himmelsrichtungen und riefen die Göttin an, wie es bei der Gruppe Brauch war. Als sie ihre Plätze wieder eingenommen hatten, nahm Mattie einen prächtigen silbernen Kelch, der mit farbigen Edelsteinen besetzt war, tauchte einen Finger hinein und segnete die Frau zu ihrer Linken. Auch das gehörte zum Ritual der Gruppe. Als der Kelch auf seinem Weg durch den Kreis bei mir angelangt war, bemerkte ich einen Hauch von Waldmeister in der Flüssigkeit und wußte plötzlich, daß es Maibowle war.

Als nächstes machte ein grüner Weidenkätzchenzweig die Runde. Er war mit bunten Bändern verziert und fungierte als Sprecherstab. Mattie hielt ihn als erste in ihren Händen, die wie ihre Stimme vor Erregung zitterten. «Ich kann euch kaum sagen, was mir diese Nacht bedeutet», begann sie. «Nach all den Jahren des Träumens und Planens sitzen wir nun endlich hier im ersten vollständigen Tempel der Göttin, der in zweitausend Jahren westlicher Zivilisation errichtet wurde. Die Erfüllung meiner persönlichen Vision ist damit vollendet. Zu diesem Werk war ich berufen.

Ab morgen wird der Tempel allen offenstehen, und auch Fremde haben freien Zutritt, doch heute nacht bleiben die Türen verschlossen. Wir sind allein. Dieser Ort existiert nur für uns. Das wird nie wieder so sein, und ich bin überglücklich, daß wir diesen Tag erleben dürfen. Wenn die Alte Frau mich in den Schoß ihrer Dunkelheit zurückruft, kann ich mit aufrichtigem Stolz sagen, daß mein Dasein auf dieser Welt einen Sinn hatte – diesen Tempel. Möge er mich und uns alle um tausend Jahre überleben.»

Ein Raunen flog durch ihr Publikum. Jede Frau, die den Zweig übernahm, segnete den Tempel und wünschte ihm eine große Zukunft. Eine Frau erklärte: «Ich möchte, daß meine Enkel und Urenkel herkommen und hier lernen können.» Eine andere sagte: «Möge von diesem Zentrum Friede ausgehen, bis alle Aggression und alle Kriege der Welt von schwesterlicher Mitmenschlichkeit verdrängt werden.»

Glinda, die Schauspielerin, beschwor den Geist der alten Frau, deren Selbstmord sie ihren Platz in dieser Runde verdankte. «Sie war mir eine gute Freundin», erzählte sie. «Und ich weiß, wie glücklich sie gewesen wäre, diese Nacht miterleben zu können. Doch ein Leben voller Schmerzen hätten wir ihr nicht gewünscht, nicht einmal zu diesem Anlaß. Ich habe ein Photo von ihr auf den Altar gelegt, um ihr wenigstens auf diese Weise die Möglichkeit der Teilnahme zu geben. Dieser Tag ist einer der erschütterndsten meines Lebens gewesen.» Dann stiegen ihr die Tränen in die Augen, und ihre Stimme stockte, so daß sie den Zweig rasch weiterreichte.

Diana erklärte: «Auch ich habe das Gefühl, daß dieser Ort und diese Zeit von einer Verheißung erfüllt sind, von denen ich nie zu träumen gewagt hätte, bis ich Ann begegnete und anfing, ihre Geschichte aufzuschreiben. Wie erstaunt war ich, als ich die verborgene Geschichte der Frauen in dieser Zivilisation entdeckte! Welche Wege und Umwege mußte ich bei meiner Suche gehen! Doch nun, da ich ihnen bis hierher gefolgt bin, habe ich das Gefühl, am Ende einer langen Straße angelangt zu sein, die vergessen und von Unkraut überwuchert war, bis ich auserwählt wurde, sie wiederzuentdecken. Ich danke Mattie, daß sie mich eingeladen, und Ann, daß sie mir den Weg gezeigt hat.»

Als Rose an der Reihe war, öffnete sie eine Kiste und nahm neununddreißig Blumenkränze heraus, die sie für uns geflochten hatte. Es war wochenlange Arbeit gewesen, wie sie sagte. Wir sollten sie als Geschenke behalten und bei kommenden Frühlingsfeiern wieder benutzen. Ihre Blüten würden nie verwelken, denn sie bestanden aus Draht und Seide, die so kunstvoll ineinander verschlungen, verstärkt und gefärbt worden waren, daß man aus einigen Metern Entfernung kaum erkennen konnte, daß es keine echten Blumen waren. Rose erklärte, sie habe diese Kunst von ihrer Großmutter gelernt und wolle die Früchte als ihren persönlichen Beitrag in die Gruppe einbringen. Damit verteilte sie die Kränze, und wir setzten sie auf.

Edith, die aus Australien zurück war, hatte ebenfalls ein Geschenk für uns mitgebracht: kleine Edelsteine, sogenannte Opale, die in allen möglichen Farben schimmerten, je nachdem, wie man sie ins Licht hielt. Sie waren aus den australischen Felsen gebrochen worden und erinnerten mich an das, was unsere Priesterinnen als «Regenbogenschleier» der Schöpfung bezeichnet hatten.

Edith verteilte sie und schärfte uns ein, sie in heiliger Erinnerung an diese Vollmondnacht am Vorabend des ersten Mai aufzubewahren, die sich nie so wiederholen würde, wie wir sie jetzt erlebten. In Australien behaupteten die Leute, daß man höchstens einmal im Leben einen solchen schimmernden Opal als Geschenk erhalten könne, was einen bedeutsamen Augenblick im Leben sowohl des Beschenkten als auch des Schenkenden darstelle.

Ich steckte den Opal zu den anderen Steinen in meinem Amulettbeutel und schwor, mich niemals von ihm zu trennen, komme, was wolle.

Als alle gesprochen hatten, trat Mattie in eine Ecke des Raums und stellte die Musik an. Dann griff sie nach einer großen Trommel, die die Begleitung liefern sollte. Wir anderen schoben die Kissen zurück und stellten uns in einander zugewandten Paaren um den Maibaum auf. Jede von uns hielt eines der bunten Bänder in der Hand.

«Wenn ihr es richtig macht, werden die Bänder am Ende sauber um den Maibaum geflochten sein. Das Geheimnis besteht darin, ein gleichmäßiges Tempo einzuhalten und darauf zu achten, in welcher Folge sie gewickelt werden müssen. Es fängt damit an, daß jede von euch losgeht, zuerst rechts an der ihr zugewandten Frau vorbei, dann links an der nächsten, wieder rechts an der übernächsten und so weiter. Versucht die Bänder so straff wie möglich zu halten.»

Dann fing sie an, im Takt der Musik die Trommel zu schlagen, und die Frauen tanzten dazu um den Maibaum. Ich muß sagen, es machte Spaß. Der Rhythmus war so ansteckend, daß ich nach kurzer Zeit ebenso herumhopste und sang wie die anderen. Als der Maibaum umwickelt und alle Bänder aufgebraucht waren, keuchten wir vor Anstrengung, schwitzten und lachten. Vor allem aber hatten wir Durst.

Einige Frauen hatten gekühlten Wein, Fruchtsäfte und Papierbecher mitgebracht, andere Nüsse, Käse und kleine Weizenkekse. Es war ein wunderbar beruhigendes und heimatliches Gefühl, zu Füßen der großen weißen Göttin mit den anderen Frauen zu essen und zu trinken. Schon fing ich an, den Tempel als Hafen zu betrachten in dieser Welt, in der ich immer eine Fremde bleiben würde.

Die anderen schienen sich ebenso wohl zu fühlen wie ich. Alle sahen erwartungsvoll der Einweihungsfeier am nächsten Morgen entgegen. Eine Frau, die in der Nähe wohnte, erzählte, die Stadt sei seit drei Tagen von Touristen, Besuchern, Journalisten und Fernsehteams belagert. Viele junge Leute männlichen und weiblichen Geschlechts kampierten in Wohnwagen, Autos, Zelten und Schlafsäcken auf den umliegenden Feldern und warteten darauf, den ersten Tempel der Göttin betreten zu dürfen. Manche hatten sich seit Jahren als Anhänger der Göttin verstanden, obgleich es bisher keine offizielle Anerkennung ihres Glaubens oder eine allgemeine Bewegung gab, die ihn vertrat.

Wir saßen zusammen, bis die Kerzen niedergebrannt waren. Dann standen ein paar Frauen, die weiter weg wohnten, auf und verabschiedeten sich von den anderen. Einzeln oder in kleinen Grüppchen machten sich schließlich alle auf den Heimweg, bis nur noch diejenigen übrig waren, die mit dem Wagen von Matties Anwesen gekommen waren. Ich fragte sie, ob sie noch so lange warten würden, bis ich das einzige Zimmer besucht hätte, das ich bisher noch nicht gesehen hatte. Ich wollte nicht gehen, ohne einen Blick ins Turmzimmer zu werfen.

«Aber sicher», sagte Mattie sofort. «Geh nur, Ann. Jede, die Lust hat, kann dich begleiten. Wir warten auf dich. Ich selbst aber möchte im Moment lieber hierbleiben. Die Treppe ist lang und steil. Irgendwie habe ich das Gefühl, ich muß das hier zu Ende auskosten.»

Niemand wollte die Energie aufbringen, mich zu begleiten, daher kletterte ich allein die schmale Wendeltreppe empor, die ins Turmzimmer führte. Es war tatsächlich ein beschwerlicher Aufstieg. Trotz meiner starken Beine und kräftigen Lungen keuchte ich, als ich oben ankam.

Das Turmzimmer war klein und unbeleuchtet, doch der Vollmond schien so hell, daß ich alles sehr gut erkennen konnte. Das Zimmer war auf allen Seiten von Glas umgeben, wie die Kammer eines Leuchtturms. Darüber hinaus ließ sich das Schiebedach öffnen, um

Platz für das Teleskop zu schaffen, das ziemlich groß war. Auf dem ausladenden Tisch, der ganz in den Schein des Mondes getaucht war, erkannte ich Sternenkarten, Tafeln und ein Fernrohr.

Der Mond stand fast im Zenit. Sein Licht war so hell wie Tageslicht, nur die Farben fehlten. Ich nahm das Fernrohr und drehte mich langsam um die eigene Achse, während ich die Stadt und die umliegenden Felder betrachtete. Gelegentlich krochen die Scheinwerfer eines Autos durchs Bild. Es war schon späte Nacht. Nur noch wenige Häuser waren erleuchtet. Das Licht der spärlichen Straßenlaternen fiel auf menschenleere Straßen und Plätze.

Plötzlich bemerkte ich eine Bewegung auf der Gasse, die hinter dem Tempel verlief. Es waren drei finstere Gestalten neben einem parkenden Lieferwagen. Offenbar machten sie sich an der Tempelmauer zu schaffen. Einer bückte sich. Die beiden anderen schienen etwas zu schleppen. Sie berieten sich kurz, dann stieg einer in die Fahrerkabine des Lieferwagens. Die beiden anderen verschwanden aus meinem Blickfeld unter der Wölbung des Gebäudes. Nach ein paar Minuten tauchten sie wieder auf und stiegen in den Wagen. Die Scheinwerfer strahlten auf, und der Wagen fuhr davon.

Das war merkwürdig. Wer konnten diese Leute gewesen sein, und was hatten sie vor? Wenn es Techniker waren, die Lautsprecher oder Kameras für die morgige Zeremonie installieren wollten, befanden sie sich am falschen Ort. Wenn sie Abfälle oder Transportmaterial entfernten, hatten sie sich eine seltsame Zeit ausgesucht. Ich rätselte darüber, während ich das Turmzimmer verließ und die lange Wendeltreppe hinabkletterte. Ich dachte daran, Mattie zu fragen, ob sie irgendwelche nächtlichen Lieferungen erwartete, doch als ich wieder zu den anderen stieß, hatte sich die Unterhaltung anderen Dingen zugewandt, und ich vergaß den Zwischenfall.

Kurz bevor wir den jetzt dunklen großen Saal verließen, streifte mein Blick etwas anderes, das mir merkwürdig erschien. Auf dem Fußboden unweit des Eingangs, halb versteckt unter einem Stapel Stühle, lagen ein paar kurze Stöcke, die ich von irgendwoher zu kennen glaubte, jedoch nicht identifizieren konnte. Die anderen waren schon draußen. Mattie rief, ich solle mich beeilen, damit sie die Tür abschließen könne. So versuchte ich einen kurzen Moment lang herauszukriegen, wo ich diese merkwürdigen Stöcke schon einmal gesehen hatte.

Oh ja, ich hätte mich erinnern müssen, schließlich hatte ich einen Großteil meiner Information über diese Zivilisation aus dem Fernsehen bezogen. Ich wußte, wie diese Dinger aussahen; sie waren mir nur nicht vertraut genug, um sie sofort zu identifizieren. Und als es mir endlich dämmerte, war es fast zu spät.

KAPITEL 15

Der Tag der Einweihung brach hell und strahlend an. Alle Mitglieder aus Matties Haushalt planten, an der Zeremonie teilzunehmen und waren mächtig aufgeregt, obwohl nicht alle an die Göttin glaubten. Doch selbst diejenigen, die ihr nicht folgten, schienen von aufrichtiger Zuneigung für ihre Arbeitgeberin geleitet.

Kurz nach Sonnenaufgang setzte sich eine Karawane von Fahrzeugen in Richtung Tempel in Bewegung. Schon versammelte sich auf der Straße vor dem Tempel, der im Licht der Sonne glänzte wie eine Perle, eine Menschenmenge. Auf den Bürgersteigen ringsum parkten Übertragungswagen der Fernsehgesellschaften. Eine Reihe von Mikrophonen war vor dem Eingang aufgestellt worden, wo die Redner und Sänger auftreten sollten.

Als die Zeremonie begann, verstummte die Menge. Ein Frauenchor trug einen Gesang der Göttin vor, und einige Zuschauer stimmten ein. Der Bürgermeister der Stadt stellte Mattie vor, die von der Erfüllung eines Traums bei der ungewöhnlichen Gestaltung des Gebäudes sprach. «Wir wollten nicht den Stil der traditionellen Kirchen kopieren», sagte sie, «sondern hatten ein feminines Bild mit abgerundeten Formen und weichen Kurven im Sinn. Es gab viele technische Schwierigkeiten bei der Konstruktion des Gebäudes. Doch Architekten und Handwerker haben geniale Lösungen für alle Probleme gefunden und zur ästhetischen Verschönerung dieser Gegend beigetragen. Ich hoffe, daß dieser Tempel der Stadt dient und ihr viele zukünftige Jahre lang zur Ehre gereichen wird.»

Diese Worte wurden mit starkem Applaus und lauten Hochrufen begrüßt. Ganz hinten hörte ich auch ein paar andere Stimmen – rauhe, aggressive Stimmen –, aber was sie sagten, war nicht zu verstehen.

Dann sprachen drei Geistliche der örtlichen Kirchen. Sie waren ausdrücklich und mit dem Hintergedanken eingeladen worden, allen reaktionären Einwänden vorzubeugen. Obgleich sie das Projekt am liebsten in Grund und Boden verdammt hätten, gaben sie sich große Mühe, dem Zeitgeist zu entsprechen und sich ökumenisch und tolerant zu geben. «Es steht zu hoffen, daß diese neue Sekte die Frauen unserer Gemeinde zu einem tieferen spirituellen Verständnis des einen Wesens führt, an das wir alle glauben», sagte einer. Auch der zweite beschrieb die Religion der Göttin als «Sekte» und vertrat die Theorie, eine Vereinigung der theologischen Konzepte von Gott und Göttin könne eine gerechtere Gesellschaft hervorbringen. Der dritte sprach von einem Muttergott. Keiner erwähnte die Möglichkeit, die Vorstellung eines Gottes vollständig durch die einer Göttin zu ersetzen. Auch davon, daß Männer den Tempel besuchen könnten, war nicht die Rede.

Glinda Rivall trug ein paar ausgewählte Passagen

aus Dianas Buch und anderen Quellen vor und sprach von Alter und Macht der Göttin in der Entwicklung ethischer Systeme und menschlicher Werte. Ihre volle, melodische Stimme erhob sich eindrucksvoll und überzeugend über die Menge.

Als mein Blick über das Meer von Gesichtern schweifte, entdeckte ich überall anerkennendes Lächeln. Aber dann sah ich etwas, das mich so brutal aus meinen Träumen riß, als hätte mir jemand einen Schlag in die Magengrube versetzt. Es war Adam.

Ich sah ihn, weil er sich einen Weg durch die Menge bahnte und auf die kleine Straße neben dem Tempel zusteuerte. Seine Bewegungen wirkten irgendwie verstohlen. Er versuchte allzu unauffällig, unverdächtig zu erscheinen. Ich hatte sofort ein mulmiges Gefühl. Irgend etwas stimmte nicht. Daher blieb mir nichts anderes übrig, als ihm zu folgen.

Hinter den Rücken der Zuschauer, damit die Kameras mich nicht entdeckten, verließ ich meinen Platz auf einer der Tempelstufen. Im Schatten der Balustrade blieb ich stehen. Als Adam sich aus der Menge löste und um die Ecke in die Seitenstraße einbog, folgte ich ihm vorsichtig.

Er bewegte sich jetzt schneller, zielstrebiger. Ohne sich umzusehen, bog er um eine zweite Ecke und steuerte auf die Gasse hinter dem Tempel zu. Mit einem Schlag begriff ich, daß dies der Ort war, an dem ich gestern nacht die finsteren Gestalten beobachtet hatte.

Ich blieb stehen und spähte um die Ecke des Gebäudes. Ich sah nur Adams Rücken. Er stand über eine der großen Mülltonnen auf dem Bürgersteig gebeugt und zog etwas heraus. Seinen Bewegungen zufolge mußte es ziemlich schwer sein. Er stellte es auf den Gehsteig und hockte sich davor. Nach einer Weile richtete er sich auf und griff in eins der Tempelfenster, das einen Spalt offenstand. In seiner Hand erkannte ich einen langen Draht.

Und plötzlich ging mir auf, welche Bedeutung die Stöcke hatten, die ich in der Nacht zuvor gesehen hatte, was der Grund für Adams verstohlene Bewegungen war, begriff ich den ganzen gräßlichen, gefährlichen Wahnsinn seines Tuns. Fanatisch wie er war, versuchte er tatsächlich, vor den Augen der Welt den Tempel zu zerstören – und möglicherweise viele Menschenleben dazu.

Ich hatte das Gefühl, daß ich keinen Augenblick länger warten durfte. Mit rascher Bewegung zog ich mein Schwert, rannte los und schrie: «Halt!»

Überrascht drehte er sich halb zu mir um. Dann wandte er sich schnell wieder seiner Aufgabe zu und versuchte, etwas zu verbinden oder zu befestigen, bevor ich ihn erreichte.

Als ich hinter ihm war, packte ich heftig seine Schulter und schleuderte ihn gegen die Tempelmauer. Er verlor das Gleichgewicht, stürzte und schlug hart auf dem Pflaster auf. Jetzt sah ich, woran er gearbeitet hatte: ein schwarzer Kasten, aus dem mehrere verdrehte Drähte durch das offene Fenster in den Tempel führten.

Mit dem Schwert in der Hand stand ich vor Adam, während er einen Augenblick benommen den Kopf schüttelte und mich anstarrte. «Was bildest du dir eigentlich ein?» fauchte er dann.

«Was bildest du dir ein?» schrie ich zurück. «Du begehst ein Verbrechen!»

«Es ist Gottes Werk», sagte er entschlossen. «Du wirst mich nicht daran hindern, es sei denn, du tötest mich. Bringst du das fertig? Willst du mich vielleicht mit deinem Teufelsschwert durchbohren?»

Er bot mir gelassen die Stirn, selbstsicher und furchtlos. Wieder sah ich die goldenen Augen des sterbenden Mannes vor mir, den ich vor langer Zeit mit dem Schwert in der Hand betrachtet hatte.

Einen Moment lang schien der Tempel, der Gehsteig, alles um mich herum zu verschwimmen und in die Schatten eines Schlachtfeldes zu tauchen, wo Schwerter klirrten. Adam lag in der Uniform eines griechischen Soldaten vor mir. Ich wollte ihn nicht töten.

Die undeutliche Vision lenkte mich ab. Ich sah nicht mehr, was er tat. Und mit einem Mal war er auf den Beinen und stürzte sich auf mich. In seiner Hand blitzte ein Messer. Er stieß zu und traf den Arm, der mein Schwert hielt. Ich stürzte in die Gosse. Mein Schwert landete scheppernd auf dem Pflaster.

Rasch wandte Adam sich um, sprang hoch, klammerte sich an das offene Fenster und zwängte sich hindurch. Während ich noch dalag und meinen blutenden Arm betrachtete, war er verschwunden.

Ich wußte, daß ich ihn verfolgen mußte, koste es, was es wolle. Ein Blick in sein Bewußtsein hatte mir gezeigt, daß er bereit war, selbst zu sterben, wenn er damit zugleich den Tempel zerstören könnte. Wahrscheinlich plante er, die Explosion aus dem Inneren des Gebäudes auszulösen. Ich dachte flüchtig daran, zu meinen Freunden zu laufen und Hilfe zu holen, doch das war Verschwendung kostbarer – möglicherweise entscheidender – Zeit. Ich nahm das Schwert in die linke Hand und kletterte durch das Fenster.

Ich konnte hören, wie er, den Drähten folgend, durch die Korridore und den Lagerraum lief. Er machte sich nicht die Mühe, Lärm zu vermeiden, denn er rechnete nicht damit, daß ich hinter ihm war. Ich schlüpfte aus meinen Schuhen und folgte ihm geräuschlos. Gerade als er den großen Saal betreten wollte, holte ich ihn ein.

Ich glitt um den Türpfosten und zielte auf seinen Rücken. Im letzten Augenblick hörte er mich und versuchte, sich zur Seite zu werfen. Da ich die schwächere Hand benutzte und vielleicht auch, weil ich ihn eigentlich gar nicht verletzen wollte, traf meine Klinge keinen lebenswichtigen Punkt, sondern nur einen Muskel an der Seite. Blut sickerte durch sein Hemd, und er schwankte, aber er fiel nicht. Dann wirbelte er herum und stand mit dem Messer in der Hand vor mir.

«Na schön, dann komm, Amazone», sagte er mit zusammengebissenen Zähnen. «Laß mal sehen, wie gut du bist. Du hast den Vorteil der längeren Klinge.»

«Bitte, laß uns nicht kämpfen», flehte ich ihn an. «Warum müssen wir einander verletzen? Ich will dir nichts Böses, und dieser Tempel auch nicht. Warum mußt du unbedingt etwas so Schönes zerstören und dafür sogar dein Leben opfern?»

«Das Schöne ist nicht immer gut», sagte er. «Dieser Ort ist von Übel. Und ich bin auserwählt, das Übel zu vernichten.» Während er dies sagte, merkte ich, daß er völlig verrückt war. Sein Blick war starr, die Augen waren glasig. Die Finger zuckten. Er schien mit sich selbst zu sprechen und mich gar nicht mehr zu bemerken, doch dann stürzte er sich erneut auf mich und hätte mich beinahe überrumpelt. Er war schnell. Wieder zielte er mit seinem Messer auf meinen Arm. Ich merkte, daß er irgendwann in seinem Leben gelernt haben mußte, rauh und unerbittlich zu kämpfen. Doch ich parierte den Schlag und stieß nach. Argwöhnisch umkreisten wir einander.

Er hatte recht; ich hatte den Vorteil der längeren Klinge. Ich war imstande, seine Verteidigung zu durchbrechen. Ich durchbohrte zuerst den Brustmuskel und dann den Deltamuskel des Arms, der das Messer hielt. Als der Arm nutzlos herabbaumelte, griff er das Messer mit der anderen Hand. Dann drehte er sich um und rannte vor mir davon. Eine Blutspur zog sich hinter ihm her. Er prallte gegen die Tür des Labyrinths, riß sie auf und verschwand in seinem Inneren.

Jetzt gehörte er mir. Er hatte keinen Zugang mehr zu den Sprengstoffen im großen Saal. Aber was, wenn er im Labyrinth auch welche versteckt hatte? Das war eine fürchterliche Vorstellung.

Die Menge Blut, die er verloren hatte, war so groß, daß er wahrscheinlich verbluten würde, aber es könnte eine lange Zeit dauern, bevor er so geschwächt war, daß er aufgeben mußte. Welchen Schaden würde er in der Zwischenzeit anrichten? In einem Anfall von Verzweiflung hockte ich mich auf die Erde und riß einen Streifen Tuch aus einem Kissenbezug, den ich um meinen verletzten Arm schlang. Dann folgte ich ihm in das Labyrinth.

Durch einen stockdunklen Gang zu gehen und zu wissen, daß irgendwo ein verwundeter, zu allem entschlossener Feind lauert, ist eine schreckliche Erfahrung. Ich setzte meine Füße ganz langsam auf, hielt den Atem an und versuchte, so leise zu sein, als sei ich gar nicht da. Doch mußte ich mich mit dem Ellbogen an der Wand entlangtasten, und das verursachte ein kaum hörbares Scharren. Ich erwartete, daß sich jeden Moment jemand auf mich stürzen und mir das Herz durchbohren würde. Angestrengt horchte ich auf das kleinste Geräusch in der Finsternis.

Als ich um ein paar Ecken gebogen war, bemerkte ich ein Licht, das immer heller wurde, sah, daß der Gang leer war, sah aber auch eine im Zickzack verlaufende Linie von Blutflecken am Boden. Trotzdem schlich ich unendlich vorsichtig und langsam weiter.

Die Blutspur bewies, daß er sich kaum noch auf den Beinen halten konnte. Hie und da war er gegen die Wände geprallt und hatte sie beschmiert. An einer Stelle zog sich der Abdruck einer Hand an der Wand hinab bis zu einer ziemlich großen Blutlache am Boden; offensichtlich war er gefallen. Dann führte die Spur die steinerne Treppe hinauf, vorbei an der schlangenhaarigen Gorgo und durch die diamantförmige Tür, die jetzt offenstand.

Der weiße Schleier war herabgerissen und zerfetzt worden. Nur ein blutgetränkter Rest lag zusammengeknüllt in einer Ecke. Ich betrat das weiße und rosafarbene Schlafzimmer und fand es vollkommen verwüstet. Die Laken waren vom Bett gezogen. Die feinen Glasfläschchen und Behälter auf der Frisierkommode lagen in Scherben. Der Spiegel war zerbrochen. Statt der einen auffälligen Blutspur auf dem jungfräulich weißen Bett gab es jetzt überall im Zimmer Blutflecken.

Vorsichtig ging ich in die Knie und spähte unters Bett. Er war nicht dort, und einen anderen Platz, an dem er sich hätte verstecken können, gab es nicht. Ich ging durch die gegenüberliegende Tür hinaus und folgte der Spur durch den mit rotem Brokat ausgeschlagenen Gang und in den Aufzug hinein, wo sich eine große rote Pfütze gebildet hatte. Wahrscheinlich hatte er ihn nach unten gebracht.

Ich fuhr hinab und nahm die Spur wieder auf. Es ging durch die Gummizelle und den geschlängelten Gang entlang bis zu dem Schacht, in dem die rotgekleidete Göttin stand. Hier endete die Spur. Er lag zusammengekrümmt vor der anderen Tür. Eine Hand streckte sich in Richtung Türknauf, doch offensichtlich war er schon zu schwach, um ihn zu erreichen. Außerdem hatte er die Stimme der Gorgo nicht vernommen und wußte nicht, wie sich die Tür öffnen ließ. Damit saß er in der Falle.

Er hörte mich kommen. Seine Augen waren zu schmalen Schlitzen verengt, blitzten jedoch wie die eines Wahnsinnigen. Matt hob er den Kopf und flüsterte heiser: «Okay, du hast gewonnen. Wirst du mich umbringen?»

«Nur wenn es nicht anders geht», sagte ich. «Ich möchte, daß du lebst. Ich möchte, daß es dir gut geht. Darf ich dir helfen?»

Er grinste, doch ohne Gefühl. «Natürlich darfst du mir helfen. Weißt du, wie man hier rauskommt?»

«Ja.»

«Ich kann nicht mehr laufen», sagte er. «Ich muß mich auf dich stützen.»

«Zuerst wirf dein Messer her.»

Das Messer klirrte über den steinernen Fußboden und blieb zu Füßen der Göttin liegen. Ich trat zu ihm, steckte mein Schwert in die Scheide und zog ihn an dem gesunden Arm auf die Beine. Seine Knie gaben schon wieder nach. Ich legte einen Arm um seinen Rücken und stützte ihn mit der Schulter. Dann öffnete ich die Tür und schleifte ihn den dunklen spiralförmigen Gang entlang. Meine Beine zitterten vor Anstrengung, so schwer war er.

Sein Kopf sank auf meine Schulter. Irgendwo im Dunkeln wandte er mir sein Gesicht zu, küßte mich auf die Wange und flüsterte mir ins Ohr: «Ich liebe dich.» Das waren seine letzten Worte.

In der von Kerzen erleuchteten Höhle der Alten Frau spürte ich, daß er sich mit der gesunden Hand am Griff meines Schwertes zu schaffen machte. Da ich ihn immer noch mit einem Arm umklammerte, konnte ich nicht schnell genug reagieren und ihn daran hindern, das Schwert aus der Scheide zu ziehen und es mir in die Seite zu bohren. Ich schrie vor Schmerz auf und stieß ihn zurück, so daß er taumelte und stürzte. Sein Kopf schlug gegen eine Ecke des schwarzen Podests aus Onyx. Das Schwert landete auf dem Boden.

Vielleicht hatte ich zu lange nicht mehr als echte Kriegerin gelebt, vielleicht waren aber auch nur meine Gefühle für ihn zu mächtig, doch ich dachte wirklich an seine Wunde eher als meine eigene. Verzweifelt sank ich neben ihm auf die Knie und bettete seinen Kopf in meinen Schoß. Sein Blick war starr und ausdruckslos, der Körper kraftlos. Ich legte einen Finger auf die Kehle, um den Puls zu fühlen, aber es gab keinen mehr.

Er war tot.

Plötzlich verkrampfte sich mein Herz und schmerzte fast genauso wie die Wunde in meiner Seite. Hilflos wiegte ich mich vor und zurück. Ich sah auf zu dem schrecklichen Gesicht der vierarmigen schwarzen Alten, und da wußte ich, daß sie tatsächlich der Tod war. «Mutter, sieh dein Frühlingsopfer», sagte ich. «Dein Tempel schwimmt in Blut. War es das, was du wolltest?»

Tränen strömten mir übers Gesicht.

Daß ich diesen Mann, dessen Schicksal auf tragische Weise mit dem meinen verknüpft schien, zweimal hatte erschlagen müssen, war unerträglich. Ich fuhr fort, mit der Statue zu sprechen, als könnte sie mich tatsächlich hören.

«Vielleicht war er verrückt, aber das war womöglich eine Folge dieser bitteren und feindseligen Welt. Im Grunde seines Herzens war er gut, glaube ich. Die Tiere haben es gespürt. Und ich auch. Wenn es hier etwas Böses gibt, so ist es die ewige künstlich geschaffene Konkurrenz zwischen den Männern, die gut sein könnten, würden sie nicht zu Grausamkeit und Perversion erzogen. Mutter, warum mußte ich der Urheber seines Todes sein? Ich wollte das alles nicht."

Außer mir vor Schmerz bettete ich Adams Leiche auf das schwarze Podest, kreuzte die Arme über seiner Brust und schloß seine Lider. Ich beugte ich mich über das tote Gesicht und strich ihm das schwarze Haar aus der Stirn. Dann stimmte ich die uralte, traditionelle Totenklage meiner Vorahninnen an.

Nach einer langen Zeit nahm ich mein Schwert und richtete mich mühsam auf. Ich fühlte mich sehr schwach. Jetzt gab es nur noch einen Ort, an den ich mich flüchten wollte: die Schoßhöhle, die der in Themiskyra so ähnlich war. Wie ein verwundetes Tier, das nur eins im Sinn hat – so schnell wie möglich in seinen Bau zurückzukehren –, sehnte ich mich nach Dunkelheit und Stille.

Bevor ich den Raum verließ, sah ich mich noch einmal um: Adam lag vor dem Homunculus zu Füßen der Göttin. Sie stand über ihm, in ihrem Totentanz erstarrt, gleichgültig wie die Erde, die das Blut aufsaugt, kalt wie der Stein, für den zehntausend Jahre menschliche Qualen dasselbe sind wie eine Sekunde. Das unsägliche Leid dieser Szene offenbarte sich mir jetzt als letzte Wahrheit – vielleicht die einzige letzte Wahrheit, die es gibt. Kampf, Feindschaft, Haß – ja, und auch Liebe –, all das mündete letztlich in ewige Ruhe zu Füßen der Schwarzen Göttin.

Langsam schleppte ich mich die lange Treppe hinauf, und die Wunde in der Seite hörte nicht auf zu bluten. Meine Beine wurden so zittrig, daß ich Angst hatte, ich könnte zusammenbrechen, bevor ich die Schoßhöhle erreichte. Ich blickte nicht wieder in den Spiegel der Lebendigen Göttin, diesem Gipfel der Erkenntnis im Labyrinth. Ich wußte, was ich darin sehen würde: eine erschöpfte Frau mit blutgetränkten Kleidern und verlorenem Blick.

Einmal stürzte ich kurz vor dem Ausgang und kam kaum wieder auf die Beine. Ich ging quer durch den großen Saal, betrat das Allerheiligste und stürzte erneut, bevor ich die siebte Tür hinter der Statue erreichte. Als ich den yoniförmigen Eingang zu dem mit rotem Tuch ausgeschlagenen Tunnel erreichte, konnte ich mich nur noch mit Mühe auf den Beinen halten. Langsam zwängte ich mich durch die Öffnung und weiter bis in den hintersten Winkel der stockfinsteren Schoßhöhle, wo ich mich zusammenrollte und mit beiden Armen die Knie umfaßte.

Meine letzten bewußten Gedanken kreisten um meine Freundinnen und wie sie es bloß aushielten, in dieser Welt zu leben, sich gegen sie zur Wehr zu setzen und manchmal sogar erfolgreich zu sein. Ich selbst hatte nur das Gefühl einer dumpfen Niederlage. Mein früherer Stolz als Kriegerin war dahin. Was hatte er mir gebracht außer blutbefleckte Hände und ein enttäuschtes Herz? War es wirklich möglich, mit Gewalt Frieden zu erreichen? Ich hatte diese Theorie noch nie in Frage gestellt, doch jetzt war mein Glauben an den Kodex der Krieger erschüttert.

Innerlich und äußerlich verletzt überließ ich mich der Reglosigkeit und Stille und trat ein in den Zustand der Unbewußtheit.

KAPITEL 16

Als ich wieder zu mir kam, merkte ich, daß jemand bei mir war und mich mit starken, aber sanften Händen zum Eingang der Schoßhöhle schleppte. Hinter der dunklen Masse des Körpers nahm ich einen Lichtschimmer und Stimmen wahr. Weibliche Stimmen.

Nachdem sie mich halb geschoben und halb aus der Höhle gezogen hatte, bedeutete mir meine Begleiterin, durch den Tunnel zu kriechen, was mir große Mühe bereitete. Am Ende des Tunnels streckten sich mir Frauenhände entgegen und zogen mich heraus, wie die Hände einer Priesterin ein Kind aus dem Schoß der Mutter ziehen. Sie halfen mir aufstehen und stützten mich, während meine Augen versuchten, das Gesicht zu erkennen, das vor mir verschwamm.

Eine Stimme. «Antiope, sei ganz ruhig. Du bist sicher.» Meine Muttersprache.

Dann klärte sich mein Blick, und ich starrte überrascht in ein Gesicht, das ich vor Jahren gekannt und schon fast für einen Traum gehalten hatte: das Gesicht der Priesterin in Themiskyra, das letzte Gesicht, das ich in meiner alten Heimat gesehen hatte.

Jetzt blickte ich mich verstört um. Andere Priesterinnen standen mit Fackeln in den Händen hinter ihr. Ich befand mich nicht im Allerheiligsten von Matties Tempel, sondern in einer antiken Höhle, die aus dem Inneren von Mutter Erde geschlagen worden war. Heilige Frauen umgaben mich. Ich sah auf meinen Körper hinab. Die Kleider waren verschwunden. Ich trug nur meinen Amulettbeutel und den Schwertgürtel. Außerdem war ich unverletzt. Selbst die Bandage um den Arm hatte sich in Nichts aufgelöst.

Und es roch anders. Selbst in der Tiefe dieser Höhle war die Luft reiner als die, die ich all die Jahre hatte einatmen müssen.

Überwältigt von einer Mischung aus körperlicher Schwäche und Schock brach ich in Tränen aus und lehnte den Kopf gegen die Schulter der Priesterin. Als ich mich beruhigt hatte, führte sie mich mit kleinen Schritten zu einem anderen Raum des Tempels, wo die Frauen mich badeten, massierten und mir warme Milch einflößten, zum Zeichen meiner Wiedergeburt.

Allmählich gewann ich meine Kräfte wieder.

Als ich mich stark genug fühlte, um von meiner Vision zu berichten, versammelten sich die Clanschwestern und Priesterinnen, um mir zuzuhören und alles aufzuschreiben. Ich berichtete viele Stunden lang und über mehrere Tage hinweg. Am vierten Tag traf meine Mutter ein, in Begleitung meiner Schwestern und meiner Tante Leukippe. Wir fielen uns in die Arme. Der Anblick ihrer geliebten Gesichter bewegte mich so tief, daß ich an diesem Tag nicht mehr imstande war, weiterzuerzählen.

Zu meiner Überraschung hatte ich mittlerweile großen Ruhm in meinem Clan erlangt. Die Hohepriesterin beriet sich mit dem Geist und kam zum Schluß, daß die Mutter mir eine wirklich prophetische Vision geschenkt hatte, trotz ihres unglaublichen Inhalts. Allein die Absurdität dieser Welt, so sagte sie, bewies, daß sie keine menschliche Erfindung sein konnte. Nicht einmal die bizarrsten Träume brachten derart unerhörte Einzelheiten hervor. Daraus folgte, daß die Göttin mir einen Blick in die wirkliche Zukunft gewährt hatte – eine Vorstellung, die ich entsetzlich fand.

Würde eine solche Gesellschaft tatsächlich eines Tages existieren, unsere gesegnete Erde plündern, vergiften und ihre menschlichen und tierischen Geschöpfe grausamen Qualen aussetzen?

Manchmal wachte ich mitten in der Nacht auf und weinte. In den Schatten des Traums hatte ich meine tapferen Freundinnen aus jener Welt wiedergesehen. Ich vermißte meine Adoptivmutter Diana und fragte mich, wie ihr Leben jetzt aussehen mochte, nachdem ich ebenso abrupt daraus verschwunden, wie ich vorher darin aufgetaucht war. Wir hatten einander sehr nahegestanden. Sie war sicher traurig, nicht zu wissen, was mit mir geschehen war.

Manchmal bildete ich mir ein, einige der seltsamen Geräusche zu hören, an die ich mich in jener Welt gewöhnt hatte: Verkehrslärm, Düsenflugzeuge, fremdartige Musik, das leise Brummen des Kühlschranks oder das Ticken einer Uhr. Manchmal wachte ich auf und glaubte, ein Telephon klingeln zu hören. Ich vermißte die Annehmlichkeit von heißem Wasser, das beim Drehen eines Griffs aus dem Hahn sprudelte, von elektrischem Licht, fertig verpackten Nahrungsmitteln, Waschmaschinen und Kanalisation im Haus. Ich vermißte sogar das Fernsehen, allerdings nicht lange.

Die Freude, wieder mit meinem Mutterclan vereint zu sein, erstickte allmählich die Sehnsucht nach all diesem Luxus. Ich paßte mich wieder dem härteren, aber wärmeren Leben meines Volkes an. Ich vergaß sogar einen großen Teil der Sprache, die ich in der anderen Welt gelernt hatte. Die Worte verschwanden mit erstaunlicher Geschwindigkeit aus meinem Kopf. Eines Tages fiel mir das Wort Flugzeug ein, und ich wußte nicht mehr, was es bedeutete.

Eines aber ließ mich nicht los: die unheimliche Möglichkeit, daß das rostige, zerbrochene Schwert in Matties Sammlung nicht einfach ein Gegenstück zu meinem eigenen, sondern mit ihm identisch war.

Schließlich kam ich zu dem Schluß, daß selbst wenn meine Vision eine wirkliche Zukunft offenbart hatte oder eine mögliche Facette einer wirklichen Zukunft, sie dennoch nichts anderes war als ein Traum; jetzt war sie nicht wirklich, und vielleicht würde sie es nie sein.

Mein Leben beruhigte sich. Ich nahm mir einen neuen Liebhaber, einen Schmied, und dachte daran, ihn in naher Zukunft zum Vater meiner Töchter zu machen. Er war intelligent, freundlich und sehr tüchtig in seinem Beruf.

Ich begann, ein neues Fohlen aufzuziehen, das die Stelle meiner alten Windsbraut einnehmen sollte. Es war eine hübsche kleine Stute mit unglaublich langen Beinen. Ich nannte sie Sonnentochter. Solange sie noch zu jung war, um geritten zu werden, lieh mir meine Schwester Niobe gelegentlich ihren hellbraunen Hengst, wenn ich ausreiten wollte. So kam es, daß ich eines frühen Morgens zu der hohen Wiese hinausritt, wo unsere Krieger die letzte Schlacht gegen die Griechen ausgefochten hatten.

Dort entdeckte ich einen Grabhügel, der über unseren ehrwürdigen Toten errichtet worden war und noch einen zweiten Hügel – abseits, überwachsen und vernachlässigt –, unter dem die griechischen Toten beerdigt worden waren. Ich verneigte mich kurz vor dem ersten und ritt dann weiter zu dem anderen. Ich hatte vor, dem Geist des Mannes, den ich getötet hatte – zweimal getötet hatte –, ein Opfer darzubringen. Die Buße, die ich in der Schoßhöhle (oder vielmehr in beiden Schoßhöhlen) getan hatte, schien mir ausreichend, um seinen Geist zu besänftigen und versöhnlich zu stimmen.

Ich sprang vom Pferd und ließ es friedlich im Gras des früheren Schlachtfeldes weiden, das nun so sanft und grün wogte, als hätte hier nie eine Schlacht stattgefunden.

Ich ging auf den runden Hügel zu, unter dem die Leichen der Griechen verwesten und wieder zu Erde zerfielen. Ich stellte mir den goldäugigen Soldaten vor und sah noch deutlicher seinen Zwilling aus der anderen Welt vor mir – Adam. Was hatte die Göttin damit bezweckt, als sie mir zwei Inkarnationen desselben Mannes sandte? Einmal hätten wir beinahe Liebende sein können. Würde es eine andere Zeit und einen anderen Ort geben, an dem wir uns in Frieden begegnen und echte Liebe finden könnten?

Ich hatte vor, der Erde, die ihn umschloß, eines meiner kostbaren Amulette darzubringen, den goldenen Augenstein, um damit der Hoffnung Ausdruck zu geben, daß uns beiden Erleuchtung zuteil würde und die Finsternis zerstreute, die unsere Begegnungen überschattet hatte. In Gedanken an Adam öffnete ich den Beutel und schüttete die heiligen Steine auf meine Handfläche.

Dann starrte ich verblüfft in meine Hand. Es waren nicht mehr vier Steine. Es waren fünf.

Der fünfte war ein schillernder kleiner Opal aus

einem fernen Ort, der eines Tages Australien getauft werden sollte. Es war der Stein, der den Regenbogenschleiern der Göttin ähnelte und die letzte Wirklichkeit verhüllt. Während ich ihn jetzt betrachtete, sah ich deutlich eine Szene vor mir: Eine Gruppe von Frauen, die noch nicht geboren waren, saß im Kreis im Allerheiligsten eines Tempels, der noch nicht errichtet war, zu Füßen einer Göttin, deren Bild noch niemand gesehen hatte. Ich sah Edith, wie sie ihre Geschenke verteilte und von dem heiligen roten Berg erzählte und seltsamen Tieren, die ihre Jungen in einer Körpertasche trugen. Ich hörte sie sagen, daß man das Geschenk eines Opals nur einmal im Leben erhält, und hörte mich selbst bei dem Schwur, mich niemals von ihm zu trennen, sondern ihn in Erinnerung an diese Vollmondnacht am Vorabend des ersten Mai zu behalten – eine Nacht, die niemals wiederkehren würde.

Oder doch?

Die Szene lag in meiner Vergangenheit, aber war sie nicht Teil der Zukunft?

Die Realität dieses Steins in meiner Hand brachte all meine Überzeugungen ins Wanken.

Vielleicht war meine Erfahrung nur eine Warnung der Göttin gewesen. Vielleicht wollte sie uns zeigen, daß wir nicht zulassen durften, daß unsere Welt sich in diese Richtung bewegte. Vielleicht wollte sie meine Erfahrung in die Überlieferung eingehen lassen, so daß unsere Nachkommen die Entwicklung einer solchen Welt verhinderten. Aber ließ sich damit verhindern, daß Adam getötet wurde?

Ich begrub meinen goldenen Stein in der Erde, über den Knochen eines goldäugigen Kriegers. Dann stieg ich auf mein Pferd und ritt nach Hause.

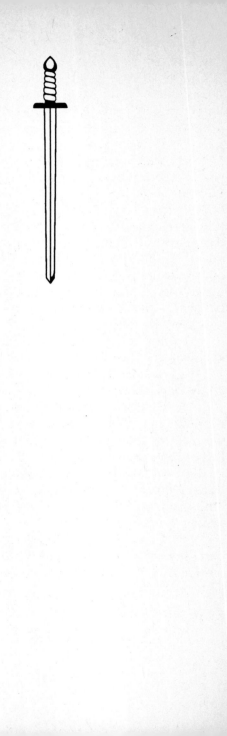

Das Neue Selbstverständnis der Frau aus der Quelle antiker Mythen

In diesem Buch wird eine neue Perspektive der Psychologie der Frau entworfen; sie stützt sich auf – bei den griechischen Göttern entlehnte – Frauenbilder, die seit über dreitausend Jahren in der menschlichen Vorstellungswelt lebendig geblieben sind. Diese Psychologie der Frau unterscheidet sich von sämtlichen Theorien, gemäß denen eine «normale» Frau definiert wird, welche einem ganz bestimmten «korrekten» Modell, einem spezifischen Persönlichkeitsmuster oder einer bestimmten psychologischen Struktur entspricht. Dabei handelt es sich um eine Theorie, die auf der Erkenntnis der Vielfalt normaler Variationen zwischen den Frauen beruht.

Jean Shinoda Bolen
Göttinnen in jeder Frau
Psychologie einer neuen Weiblichkeit
432 Seiten, broschiert

«Ein Buch, das zündet, dessen Reiz – auch für Männer – im spielerisch Analytischen liegt.»
AZ München

«Für Frauen, die sich selbst, und für Männer, die Frauen besser verstehen wollen.»
BuchJournal

SPHINX

Archetypen der männlichen Psyche und ihre praktische Deutung

Das Buch zeigt, wie der Mann seine in ihm wirkenden «göttlichen» Kräfte besser verstehen und einsetzen kann. Frauen hilft es zu erkennen, welche archetypischen Bilder im Mann ihren Vorstellungen entsprechen und welche ihre Erwartungen kaum erfüllen werden. Gestützt auf die Lehre von C.G. Jung erklärt die Autorin, wie sowohl Männer als auch Frauen ein Gefühl der Ganzheit erfahren, wenn sie sich ihrem Wesen entsprechend verhalten. Von den autoritären, machtbegierigen Göttern (Zeus, Poseidon) über die schöpferischen Götter (Apollo der Musische, Hephaistos der Handwerker) zum sinnlichen Dionysos lehrt Bolen die Leser die individuellen Archetypen festzustellen. «Götter in jedem Mann» hilft Männern *und* Frauen sich selbst und die Beziehungen zu Vätern, Söhnen, Brüdern und Liebhabern besser zu verstehen.

Jean Shinoda Bolen
Götter in jedem Mann
Besser verstehen,
wie Männer leben und lieben
350 Seiten, broschiert

Joseph Campbell

Mythologie der Urvölker

Die Masken Gottes - Band 1

570 Seiten. Gebunden

Alle wichtigen Elemente der Mythen bis in unsere Tage sind in ihren Frühformen bei den Urvölkern bereits angelegt. Joseph Campbell hat Erkenntnisse aus Archäologie, Ethnologie, Religionswissenschaft und vielen anderen Wissengebieten zu einem Bild der urgeschichtlichen Vorstellungswelten verwoben, das die Verbindung dieses ersten Abschnitts der Geschichte der Mythologien der Welt zur Gegenwart deutlich sichtbar werden lässt. So diente das erste Kapitel dieses Buches als Ideenvorlage zu Stanley Kubriks Film «2001 - Odyssee im Weltraum». Beginnend bei biologisch ererbten Strukturen, ihrer Prägung durch die verschiedenen Lebensabschnitte des Menschen, über die Mythologie der Pflanzer und die der Jäger, reicht die Zeitspanne von Campbells Schilderung bis ca. 2500 v. Chr. Im Zentrum steht für ihn dabei die Wahrheit des Mythos, das heisst, dass der Mythos auf einer äusseren Ebene widerspiegelt, was die Menschen im Innersten bewegt.

Joseph Campbell

Mythologie des Ostens
Die Masken Gottes - Band 2

660 Seiten. Gebunden

Unsere heutige Zeitmessung geht auf die 6000 Jahre alten, in Mythen bewahrten astronomischen Beobachtungen der Sumerer zurück. Es lassen sich viele Beispiele finden, die in MYTHOLOGIE DES OSTENS die grossen östlichen Mythen für unser kulturelles und individuelles Selbstverständnis bewusst und lebendig machen. Ausgehend von der allen gemeinsamen Ursprungsidee, dass das Göttliche innerhalb und ausserhalb des Menschen immer schon vorhanden ist, schildert Campbell die verschiedenen Entwicklungen der Mythologie im vorderen Orient, in den drei grossen Abschnitten der indischen Geschichte und in der chinesischen und japanischen Kultur. Indem er die östlichen Gedankenwelten für den westlichen Leser transparent macht, leistet Campbell mit diesem Buch auch einen wichtigen Beitrag zur Begegnung der Religionen und Kulturen dieser Erde.

SPHINX

Joseph Campbell

Mythologie des Westens
Die Masken Gottes
Band 3

653 Seiten, gebunden

Mythologie des Westens ist eine spannende Reise durch die Welt der Vorstellungen, die das Fundament unserer abendländischen Religion, Philosophie, Kunst und Literatur bilden. Joseph Campbell verfolgt in diesem Buch die Entwicklung der beiden Wurzeln des werdenden Europas und damit die Grundlagen der Entstehung der westlichen Kultur. Es zeigt sich, daß die Geschichte der Mythen des Abendlandes vom wechselseitigen Austausch östlicher und westlicher Form von Religiosität geprägt ist.

Joseph Campbell

Schöpferische Mythologie
**Die Masken Gottes
Band 4**

864 Seiten, gebunden

Schöpferische Mythologie entrollt die ganze innere Geschichte der Kultur der Neuzeit mit ihrer philosophischen, spirituellen und künstlerischen Entwicklung seit dem Mittelalter und zeigt die einzigartige Stellung des Menschen dieser Zeit, als Schöpfer seiner eigenen Mythologie.
Der Horizont der traditionellen Mythen war durch die eigene Kultur vorgegeben, die den Einzelnen als Mitglied seiner Gemeinschaft von allen anderen abgegrenzt hat. Seit dem Mittelalter weicht diese Begrenztheit zusehends einer Offenheit für die Welt als ganzes. *Schöpferische Mythologie* erläutert die Elemente, die eine Orientierung in dieser «neuen» Welt ermöglichen.